T0017401

BIBLIOTECA TODOROV 2

El espíritu de la Ilustración

TZVETAN TODOROV

El espíritu
de la Ilustración

Traducción de
Noemí Sobregués

Galaxia Gutenberg

Título de la edición original: *L'esprit des lumières*
Traducción del francés: Noemí Sobregués

Publicado por
Galaxia Gutenberg, S.L.
Av. Diagonal, 361, 2.º 1.ª
08037-Barcelona
info@galaxiagutenberg.com
www.galaxiagutenberg.com

Primera edición en Galaxia Gutenberg: mayo de 2008
Primera edición en Biblioteca Todorov: marzo de 2022

© Éditions Robert Lafont/Susanna Lea Associates, 2006
© de la traducción: Noemí Sobregués, 2008
© Galaxia Gutenberg, S.L., 2014, 2022

Preimpresión: Maria Garcia
Impresión y encuadernación: Romanyà-Valls
Pl. Verdaguer, 1 Capellades-Barcelona
Depósito legal: B 3294-2022
ISBN: 978-84-18218-34-7

Tras la muerte de Dios, tras el desmoronamiento de las utopías, ¿sobre qué base intelectual y moral queremos construir nuestra vida en común? Para comportarnos como seres responsables precisamos de un marco conceptual que pueda fundamentar no sólo nuestros discursos, lo cual es sencillo, sino también nuestros actos. La búsqueda de ese marco me ha llevado hacia una corriente de pensamiento y de sensibilidad: la vertiente humanista de la Ilustración. Durante los años del siglo XVIII previos a 1789 tiene lugar un gran cambio, responsable más que ningún otro de nuestra actual identidad. Por primera vez en la historia los seres humanos deciden tomar las riendas de su destino y convertir el bienestar de la humanidad en objetivo último de sus actos. Este movimiento surge en toda Europa, no en un solo país, y se pone de manifiesto en la filosofía y en la política, en las ciencias y en las artes, en la novela y en la autobiografía.

No cabe duda de que no es ni posible ni deseable volver al pasado. Los autores del siglo XVIII no podrían resolver los problemas que han surgido desde entonces y que asolan el mundo a diario. Sin embargo, intentar entender ese cambio radical puede ayudarnos a vivir mejor en la actualidad. Por eso he querido trazar a grandes rasgos el pensamiento de la Ilustración sin dejar de lado nuestra época, en un continuo vaivén entre pasado y presente.

I

El proyecto

No es fácil decir en qué consiste exactamente el proyecto de la Ilustración, y por dos razones. De entrada se trata de una época de desenlace, de recapitulación, de síntesis, no de innovación radical. Las grandes ideas de la Ilustración no tienen su origen en el siglo XVIII: cuando no proceden de la Antigüedad, su rastro se remonta a la Edad Media, el Renacimiento o la época clásica. La Ilustración absorbe y articula opiniones que en el pasado estaban en conflicto. Por esta razón los historiadores suelen advertir que es preciso descartar determinadas imágenes convencionales. La Ilustración es racionalista y empirista a la vez, tan heredera de Descartes como de Locke. Acoge en su seno a los antiguos y a los modernos, a los universalistas y a los particularistas. Se apasiona por la historia y por el futuro, por los detalles y por las abstracciones, por la naturaleza y por el arte, por la libertad y por la igualdad. Los ingredientes son antiguos, pero la mezcla es nueva. Lo importante es que durante la Ilustración las diferentes ideas no sólo armonizan entre sí, sino que también salen de los libros y pasan al mundo real.

El segundo obstáculo consiste en que el pensamiento de la Ilustración es fruto de muchos individuos que, lejos de estar de acuerdo entre sí, se enzarzan constantemente en violentas disputas tanto entre países como en cada país. Es cierto que el tiempo transcurrido nos permite seleccionar, pero sólo hasta cierto punto. Los antiguos desacuerdos dieron origen a escuelas de pensamiento que todavía se enfrentan en nuestros días. La Ilustración fue más un período de debate que de consenso. Pero como sabemos que la multiplicidad es temible, no nos cuesta demasiado aceptar la existencia de algo a lo que podríamos llamar el proyecto de la Ilustración.

En la base de dicho proyecto podemos encontrar tres ideas, que a su vez nutren sus incalculables consecuencias: la autonomía, la finalidad humana de nuestros actos y la universalidad. ¿Qué podemos decir de ellas?

El primer rasgo constitutivo del pensamiento de la Ilustración consiste en privilegiar las elecciones y las decisiones personales en detrimento de lo que nos llega impuesto por una autoridad ajena a nosotros. Y esa preferencia comporta dos facetas: una crítica y otra constructiva. Es preciso librarse de toda tutela impuesta a los hombres desde fuera y dejarse guiar por las leyes, las normas y las reglas que desean los que deben cumplirlas. «Emancipación» y «autonomía» son los términos que designan las dos fases, igualmente indispensables, de un mismo proceso. Para poder asumir un compromiso debe disponerse de total libertad para analizar, cuestionar, criticar y poner en duda. Se acabaron los dogmas y las instituciones sagradas. Una consecuencia indirecta pero decisiva de esta opción es la restricción que impone a todo tipo de autoridad. La autoridad debe ser homogénea a los hombres, es decir, no sobrenatural, sino natural. En este sentido la Ilustración da lugar a un mundo «desencantado», que obedece todo él a las mismas leyes físicas, o, en el caso de las sociedades humanas, muestra los mismos mecanismos de comportamiento. La tutela en la que vivían los hombres antes de la Ilustración era ante todo de naturaleza religiosa, por lo tanto su origen era anterior a la sociedad de aquellos momentos (en estos casos hablamos de «heteronomía») y a la vez sobrenatural. La mayoría de las críticas se dirigirán a la religión con el objetivo de que la humanidad pueda tomar las riendas de su propio destino. No obstante, se trata de una crítica limitada. Lo que se rechaza es la sumisión de la sociedad o del individuo a preceptos cuya única legitimidad procede del hecho de que la tradición los atribuye a los dioses o a los ancestros. Lo que debe guiar la vida de los hombres ya no es la autoridad del pasado, sino su proyecto de futuro. Pero nada se dice de la experiencia religiosa en sí, ni de la idea de trascendencia, ni de determinada doctrina moral que postula una religión en concreto. Se critica la estructura de la sociedad, no el contenido de las creencias. La religión queda fuera del Estado, pero ello no implica que abandone al individuo. Las principales corrientes ilustradas reivindican no el ateísmo, sino la religión natural, el deísmo o una de sus muchas variantes. Los hombres de la Ilustración se dedican a observar y a describir creencias del mundo entero no con la intención de rechazar las religiones, sino para que sirvan de guía en el camino de la tolerancia y para defender la libertad de conciencia.

Los hombres, libres del antiguo yugo, determinarán sus nuevas leyes y normas recurriendo a medios exclusivamente humanos. Ya no hay lugar para la magia y la revelación. La convicción de que la luz desciende de las alturas queda sustituida por la de toda una multiplicidad de luces que se propagan de persona a persona. La primera autonomía que se conquista es la del conocimiento, que parte de la base de que ninguna autoridad, por prestigiosa que sea y bien establecida que esté, queda exenta de críticas. El conocimiento tiene dos únicas fuentes, la razón y la experiencia, ambas accesibles a todo el mundo. La razón adquiere importancia como herramienta de conocimiento, no como móvil de la conducta humana; se opone a la fe, no a las pasiones. Todo lo contrario: las pasiones también se emancipan de las obligaciones impuestas desde fuera.

La liberación del conocimiento abre el camino al desarrollo de la ciencia. A todos les gustaría estar bajo la protección de un personaje que no sea filósofo, sino sabio. El papel que desempeña Newton para la Ilustración es comparable al de Darwin para los siglos siguientes. La física avanza de forma espectacular, seguida por las demás ciencias: la química, la biología e incluso la sociología y la psicología. Los impulsores de este nuevo pensamiento quieren llevar la ilustración a todo el mundo, ya que están convencidos de que servirá al bien común. Se parte de la base de que el conocimiento es liberador. Por eso apoyarán la educación en todas sus formas, desde la escuela hasta las asociaciones culturales, y la difusión del saber mediante publicaciones especializadas y enciclopedias destinadas al gran público. El principio de autonomía cambia radicalmente tanto la vida del individuo como la de las sociedades. La lucha por la libertad de conciencia, que permite que cada quien elija su religión, no es nueva, pero en cada ocasión debe empezarse desde cero, y trae consigo la exigencia de libertad de opinión, de expresión y de prensa. Aceptar que el ser humano es el origen de las leyes que lo rigen supone también aceptarlo en su integridad, tal como es, no tal como debería ser. Pero resulta que es cuerpo y espíritu, pasiones y razón, sensualidad y reflexión. A poco que dejemos de aferrarnos a una imagen abstracta e idealizada y observemos a los hombres reales, nos damos cuenta de que también son infinitamente diversos, lo cual constatamos si vamos de un país a otro, pero también entre una persona y otra. Y de esto darán cuenta, mejor que la literatura erudita, los nuevos géneros que centran su atención en el individuo: la novela y la autobiografía. Estos géneros ya no aspiran a desvelar las

leyes eternas de las conductas humanas, ni del carácter ejemplar de cada gesto, sino que muestran a
hombres y mujeres singulares, inmersos en situa-
ciones concretas. Y los muestra también la pintura,
que se aleja de los grandes temas mitológicos y religiosos para presentar a seres humanos que nada
tienen de excepcional, que se dedican a sus actividades corrientes, con sus gestos cotidianos.

La autonomía del individuo se amplía tanto al
ámbito de su vida como al de sus obras, y supone
el descubrimiento del medio natural, formado por
bosques y riachuelos, claros y colinas que no han
estado sometidos a exigencias geométricas ni prácticas. Al mismo tiempo otorga un nuevo lugar a los
artistas y a su quehacer. Pintores y músicos, actores
y escritores ya no son simples bufones o decora-
dores, ni meros sirvientes de Dios, del rey o de un
amo, sino que se han convertido en encarnación
ejemplar de una actividad apreciada. El artista creador es el que decide por sí mismo sobre sus compo-
siciones y las destina al goce puramente humano.
Estos dos nuevos valores ponen a la vez de manifiesto la nueva dignidad que se otorga al mundo
sensible.

La exigencia de autonomía transforma más profundamente todavía las sociedades políticas; precede
y culmina la separación de lo temporal respecto
de lo espiritual. Durante la Ilustración esta exigencia da lugar a una primera forma de acción: los
autores que investigan con plena libertad procuran
comunicar los resultados de sus investigaciones a

los soberanos indulgentes para que su política se
haga eco de ellas. Es lo que se espera de Federico II
en Berlín, de Catalina II en San Petersburgo y de
José II en Viena. Más allá de ese despotismo ilustrado, que cultiva la autonomía de la razón del
monarca pero mantiene al pueblo sometido, esta
exigencia lleva a dos principios. El primero es el de
la soberanía, principio ya antiguo que adquiere
aquí un nuevo sentido: el origen de todo poder
está en el pueblo, y nada es superior a la voluntad general. El segundo es el de la libertad del individuo respecto de todo poder estatal, legítimo o
ilegítimo, en los límites de un ámbito que le es
propio. Para garantizar esta libertad se vela por el
pluralismo y por el equilibrio de los diferentes poderes. En todos los casos se ha consumado la separación de los ámbitos teológico y político, y en
adelante este último se organizará en función de
sus propios criterios.

Todos los sectores de la sociedad tienden a convertirse en laicos, aun cuando los individuos sigan
siendo creyentes. Este programa se aplica no sólo
al poder político, sino también a la justicia. Lo único que debe reprimirse es el delito, la falta contra
la sociedad, que no debe confundirse con el pecado, falta moral respecto de una tradición. Y lo
mismo sucede con la escuela, que debe escapar del
poder eclesiástico y convertirse en un espacio donde se transmite el conocimiento, abierto a todo el
mundo, es decir, gratuito, y al mismo tiempo obligatorio, y con la prensa, donde debe tener lugar

el debate público. Y también con la economía, que debe liberarse de prohibiciones arbitrarias y permitir la libre circulación de los bienes, que debe fundamentarse en el valor del trabajo y del esfuerzo individual en lugar de apropiarse de privilegios y de jerarquías del pasado. El lugar más apropiado para que se den todos estos cambios es la gran ciudad, que favorece la libertad de los individuos y al mismo tiempo les ofrece la posibilidad de reunirse y de debatir. La voluntad del individuo, como la de las comunidades, se ha emancipado de antiguas tutelas. ¿Quiere eso decir que ahora es totalmente libre, que ya no tiene límite alguno? No. El espíritu de la Ilustración no se limita a exigir la autonomía, sino que además trae consigo sus propios medios de regulación. El primero de ellos tiene que ver con la finalidad de las acciones humanas liberadas. También ésta baja a la tierra; ya no apunta a Dios, sino a los hombres. En este sentido el pensamiento de la Ilustración es un *humanismo* o, si se prefiere, un antropocentrismo. Ya no es necesario, como exigían los teólogos, estar siempre dispuesto a sacrificar el amor a las criaturas en favor del amor al Creador. Basta con amar a los demás seres humanos. Suceda lo que suceda después de la muerte, el hombre debe dar sentido a su existencia terrenal. La búsqueda de la felicidad sustituye a la búsqueda de la redención. El Estado no está al servicio del designio divino, sino que su objetivo es el bienestar de los ciudadanos. Por su parte, los ciudadanos no dan muestra de egoísmo culpable cuando aspiran a la felicidad en el ámbito que depende de su voluntad, sino que están en su derecho de mimar su vida privada, buscar sentimientos y placeres intensos, y cultivar el afecto y la amistad.

La segunda restricción que conlleva la libre actuación tanto de los individuos como de las comunidades consiste en afirmar que todos los seres humanos, por el mero hecho de serlo, poseen derechos inalienables. La Ilustración recoge aquí la herencia de las ideas del derecho natural que se formulan en los siglos XVII y XVIII. Junto con los derechos de los que gozan los ciudadanos en su ámbito social, éstos poseen otros, comunes a todos y cada uno de los habitantes del mundo, no escritos, pero no por ello menos imperativos. Todo ser humano tiene derecho a la vida. Así pues, la pena de muerte no está legitimada, ni siquiera cuando se aplica a un asesino. Si el asesinato privado es un crimen, ¿cómo no va a serlo el asesinato público? Todo ser humano tiene derecho a la integridad física. Así pues, la tortura no está legitimada, ni siquiera cuando se practica en nombre de razones de Estado. Pertenecer al género humano, a la humanidad universal, es más fundamental todavía que pertenecer a determinada sociedad. El ejercicio de la libertad está pues limitado por la exigencia de *universalidad*, y lo sagrado, que ha abandonado los dogmas y las reliquias, se materializa en adelante en los «derechos del hombre», que acaban de reconocerse.

Si todos los seres humanos poseen una serie de derechos idénticos, de ahí se sigue que el derecho es el mismo para todos. La exigencia de igualdad deriva de la universalidad, y permite emprender luchas que siguen vigentes en nuestros días: las mujeres deben ser iguales a los hombres ante la ley; debe abolirse la esclavitud, ya que jamás puede ser legítima la alienación de la libertad de un ser humano; debe reconocerse la dignidad de los pobres, de la gente corriente, de los marginados, y considerar a los niños individuos. Esta afirmación de la universalidad humana genera el interés por sociedades diferentes de las propias. De la noche a la mañana los viajeros y los estudiosos no pueden dejar de juzgar a pueblos lejanos con criterios propios de su cultura. Sin embargo, se les despierta la curiosidad, son de pronto conscientes de la multiplicidad de formas que puede adquirir la civilización y empiezan a reunir datos y análisis que con el tiempo transformarán su idea de humanidad. Lo mismo sucede con la pluralidad en el tiempo. El pasado deja de ser encarnación de un ideal eterno o simple repertorio de ejemplos y se convierte en una sucesión de épocas históricas con coherencia y valores propios. El conocimiento de sociedades diferentes de la del observador permite a su vez a éste contemplarse con mirada menos ingenua. Ya no confunde su tradición con el orden natural del mundo. Por eso el francés Montesquieu puede criticar a los persas, pero también imaginárselos criticando a los franceses con buenas razones.

Éste es a grandes rasgos el generoso programa que se formula en la Ilustración. ¿Cómo debemos valorarlo en la actualidad, doscientos cincuenta años después de que surgiera? Parece que se imponen dos constataciones. Por un lado, en Europa y en las zonas del mundo que han recibido su influencia, el espíritu de la Ilustración ha vencido sin la menor duda al enemigo al que combatía. El conocimiento del universo avanza libremente sin preocuparse demasiado de prohibiciones ideológicas. Los individuos ya no temen tanto la autoridad de la tradición, intentan gestionar por sí mismos su espacio privado y a la vez gozan de gran libertad de expresión. La democracia, en la que se ejerce la soberanía popular respetando las libertades individuales, se ha convertido en un modelo al que todos aspiran. Se considera que los derechos universales del hombre son un ideal común. La igualdad ante la ley es norma en todo Estado legítimo. Preocuparse de la felicidad personal o del bienestar común es una opción de vida que a nadie sorprende. Evidentemente, eso no quiere decir que los objetivos a los que se apunta se hayan logrado, pero aceptamos el ideal y todavía hoy criticamos el orden existente inspirándonos en el espíritu de la Ilustración. Por otra parte, no hemos conseguido todas las ventajas con las que contábamos. No se han cumplido todas las antiguas promesas. En concreto el siglo xx, que ha vivido la carnicería de dos guerras mundiales, los regímenes totalitarios que se establecieron en Europa y en otros lugares, y las mortíferas consecuencias de los inventos técnicos, parece haber desmentido definitivamente todas las viejas esperanzas, hasta el punto de que habíamos dejado de reclamarnos herederos de la Ilustración y de que las ideas que conllevan palabras como humanismo, emancipación, progreso, razón y libre voluntad habían caído en descrédito.

La distancia que sigue habiendo entre lo que podía considerarse una promesa y las realidades del mundo actual nos obliga a llegar a una primera conclusión: toda lectura invariablemente optimista de la historia es una ilusión. Ahora bien, es cierto que la fe en el progreso lineal e ilimitado del género humano pudo tentar a determinados pensadores de la Ilustración. Uno de sus más importantes precursores, el poeta inglés Milton, lamenta que la humanidad se doblegue ante los dictados de la tradición y se quede deliberadamente en la infancia, como un escolar que no se atreve a avanzar sin haber recibido instrucciones de su maestro. Formula la esperanza de que, gracias al libre ejercicio de la razón, llegue por fin a la edad adulta. En Francia, Turgot declara en su *Cuadro filosófico de los progresos sucesivos del espíritu humano* (1750): «Las costumbres se relajan, el espíritu humano se ilustra, los países aislados se acercan unos a otros [...] la totalidad del género humano [...] sigue avanzando, aunque a paso lento, hacia una mayor perfección»[1] (cierto que en el momento en que Turgot escribe esta frase tiene veintitrés años...). Otros, como Voltaire y D'Alembert, se adentrarán con más o menos precauciones en esta misma vía. Lessing suscribirá la idea de progreso en *La educación de la humanidad* (1780). Condorcet titulará su testamento espiritual, que escribió escondido durante las persecuciones de la época del Terror (1793), *Bosquejo de un cuadro histórico de los progresos del espíritu humano*. Todos estos autores creen que, pese a los retrasos y la lentitud, la humanidad podrá llegar a la mayoría de edad gracias a la difusión de la cultura y del saber. Hegel retomará y reforzará esta visión de la historia como cumplimiento de un designio, después lo hará Marx, y por medio de este último pasará a la doctrina comunista.

No obstante, sería erróneo atribuir esta creencia al propio espíritu de la Ilustración. En realidad la opción de Turgot y de Lessing es cuestionada en el momento mismo en que se formula. Muchos otros autores, como Hume y Mendelssohn, no comparten la fe en el avance mecánico hacia la perfección, lo cual por otra parte no supone sino trasladar al espacio profano la doctrina cristiana respecto de los caminos de la Providencia. Se niegan a leer la historia como el cumplimiento de un designio. El pensador en lengua francesa más profundo de la Ilustración, Jean-Jacques Rousseau, se opondrá frontalmente a esta concepción. Para él el rasgo distintivo de la especie humana no es el avance hacia el progreso, sino sólo la *perfectibilidad*, es decir, la capacidad de hacerse mejor y de mejorar el mundo, aunque sus efectos ni están garantizados, ni son irreversibles. Esta cualidad justifica todo esfuerzo, pero no asegura el menor éxito. Además Rousseau cree que todo progreso supone inevitablemente la regresión en otro ámbito. Su *Discurso sobre el origen de la desigualdad* (1755) está lleno de formulaciones de este tipo. «Los diferentes azares [...] han podido perfeccionar la razón humana deteriorando la especie, hacer a un ser malvado haciéndolo sociable.» «Todos los progresos ulteriores han sido, en apariencia, otros tantos pasos hacia la perfección del individuo, y en realidad hacia la decrepitud de la especie.» El deseo de distinguirse es responsable de «lo que hay de mejor y de peor entre los hombres, nuestras virtudes y nuestros vicios». Pero no por ello Rousseau afirma que la degradación sea la única dirección en la que avanza la humanidad, ni recomienda, como a veces se piensa, la vuelta atrás. En lo que centra la atención es precisamente en la solidaridad de los efectos positivos y negativos. La razón de este doble movimiento reside en la propia condición humana. Es privativo del hombre gozar de cierta libertad, que le permite transformarse y cambiar el mundo, y esa libertad le lleva a hacer tanto el bien como el mal. La perfectibilidad, responsable de sus mayores logros, es también la fuente de sus desdichas, la que hace surgir «sus aciertos y sus errores, sus vicios y sus virtudes». Es propio del hombre recurrir a la mirada de los demás para saber de su existencia, que le resulta inevitable, y esa necesidad se traduce tanto en amor como en violencia. Los chicos que rocían con gasolina y prenden fuego a chicas que les han rechazado actúan por esa misma razón. «El bien y el mal surgen de la misma fuente»,[2] concluye Rousseau. De ahí se sigue que toda esperanza en el progreso lineal es vana. Los problemas llamados sociales no son dificultades provisionales que un partido político o un gobierno podría resolver definitivamente mediante reformas ingeniosas, sino consecuencias de nuestra condición humana. En la actualidad podemos constatar que Rousseau tenía razón y que la aspiración a la perfectibilidad no implica fe en el progreso. Los avances tecnológicos y científicos no sólo no implican necesariamente la mejora moral y política, sino que además nada tienen de lineal y a menudo pueden resultar nocivos. Al proponerse transformar el mundo para hacerlo más acorde con sus necesidades y sus deseos, nuestra especie suele imitar al aprendiz de brujo. Los agentes de esas transformaciones pueden prever sus efectos inmediatos, pero no sus últimas consecuencias, cuando hayan pasado ya décadas e incluso siglos. Todos conocemos el manido ejemplo de la fisión del átomo. Los sabios que la descubrieron no podían imaginar el horror de Hiroshima y de Nagasaki, pero desde el principio les inquietaba el uso que podría hacerse de sus investigaciones. ¿Quiere eso decir que el biólogo que intenta determinar el código genético humano debe dejar de investigar porque existe el riesgo de que en el futuro se haga mal uso de sus resultados? A nuestro alrededor los sofisticados mo-

tores de nuestros coches producen gases tóxicos
que contribuyen a alterar el clima del planeta, las
máquinas que nos permiten librarnos de duras ta-
reas consumen cada vez más energía, pero generan
paro... Toda conquista tiene su precio.

El espíritu de la Ilustración hace un elogio del
conocimiento, que libera a los seres humanos de
tutelas externas que les oprimen. Pero eso no quiere
decir que si todo está determinado y es cognoscible, los seres humanos aprenderán a controlar el
mundo en su integridad y a darle forma según sus
deseos. La materia es tan compleja que incluso las
hipótesis científicas más ambiciosas jamás deberían
prescindir de cierta humildad. «La mayor parte de
los efectos llegan por vías tan singulares, y dependen de razones tan imperceptibles o lejanas, que
no podemos preverlos», escribe Montesquieu en su
Traité des devoirs. Esto es todavía más cierto en
el caso del estudio de la sociedad, y por una razón
concreta que no es otra que la propia libertad de los
seres humanos: pueden oponerse a su propia naturaleza y por lo tanto actuar de forma imprevisible.
«El hombre, en cuanto ser físico, está gobernado
por leyes invariables como los demás cuerpos. En
cuanto ser inteligente, quebranta sin cesar las leyes
fijadas por Dios y cambia las que él mismo establece.»[3] El conocimiento de las sociedades humanas se enfrenta a la imposibilidad de prever y de
controlar todas las voluntades. Por su parte, la voluntad del individuo se enfrenta a su incapacidad
de conocer las razones de sus propios actos. ¿Qué

hay más importante en la vida de un ser humano que la elección del objeto de su amor? Pero ni la voluntad ni la ciencia consiguen llegar hasta el fondo del secreto de esa elección. Por eso toda utopía, sea política o técnica, está destinada al fracaso. Si en la actualidad queremos apoyarnos en el pensamiento de la Ilustración para enfrentarnos a nuestras dificultades, no podemos asumir tal cual todas las proposiciones formuladas en el siglo XVIII, no sólo porque el mundo ha cambiado, sino también porque ese pensamiento no es uno, sino múltiple. Lo que necesitamos es más bien refundamentar la Ilustración, preservar la herencia del pasado pero sometiéndola a revisión crítica y confrontándola lúcidamente con sus consecuencias, tanto las deseables como las no deseadas. De este modo no corremos el riesgo de traicionar la Ilustración, sino todo lo contrario: al criticarla, nos mantenemos fieles a ella y ponemos en práctica sus enseñanzas.

2

Rechazos y desvíos

Desde la época en que se formuló, en el siglo XVIII, el pensamiento de la Ilustración ha sido objeto de muchas críticas. En ocasiones también se ha rechazado de entrada. En el mismo momento en que las ideas de sus partidarios se hacen públicas, suscitan la previsible condena de aquellos a quienes combaten, a saber, las autoridades eclesiásticas civiles. La fuerza de esta reacción se multiplica a finales de siglo a consecuencia de los acontecimientos públicos que han tenido lugar entretanto. Se establece una doble ecuación –Ilustración igual a Revolución, Revolución igual a Terror– que provoca la inapelable condena de la Ilustración. «La revolución empezó con la declaración de los derechos del hombre»,[4] afirma Louis de Bonald, uno de sus enemigos más encarnizados, y es por eso por lo que acabó en un baño de sangre. El error de la Ilustración consiste en haber colocado al hombre en el lugar de Dios en cuanto principio de sus ideales, la razón a la que quiera recurrir libremente cada individuo en el lugar de las tradiciones colectivas, la igualdad en el lugar de la jerarquía y el culto a la diversidad en el lugar del culto a la unidad.

La imagen que Bonald y otros conservadores de la época de la Restauración dan de la Ilustración es a grandes rasgos exacta. Es cierto que este pensamiento concede valor al hombre, a la libertad y a la igualdad. Nos encontramos aquí con un conflicto frontal, con un desacuerdo fundamental sobre los principios y los ideales de la sociedad. En este caso es legítimo hablar de *rechazo* a la Ilustración. Pero la situación suele ser diferente. Las críticas que se le dirigen parecen entonces apuntar al espíritu de la Ilustración, o más bien dirigirse en concreto a una de sus caricaturas. Ahora bien, esas caricaturas o, por adoptar un término más neutro, esos *desvíos* (en el siglo XVIII se los llamaba «corrupciones») existen realmente. También en este caso podemos remontarnos al momento en que aparecen las primeras formulaciones. Unos acusan a la Ilustración de formular demasiado, y otros, de hacerlo demasiado poco. Montesquieu era del todo consciente de que los principios por los que luchaba podían llegar a ser nefastos, y advertía sobre el exceso de razón y los incordios de la libertad. Los comparaba con los inquilinos de la segunda planta de una casa, a los que «molesta el ruido del piso superior y el humo del inferior». Por su parte, Rousseau sabía que en cuanto concluyera su polémica contra los devotos, tendría que emprender otra contra el «materialismo moderno».[5] Son estos desvíos, no la Ilustración en sí, los que a menudo se rechazan.

Acabamos de observar un caso similar: es propio del espíritu de la Ilustración afirmar la perfectibilidad de los hombres y de sus sociedades. Pero quienes piensan que el ser humano quedó definitivamente corrompido por el pecado original rechazan esta idea, cuyo sentido puede a su vez desviarse, como sucede cuando se afirma que la historia humana siempre progresa. Eso supone simplificarla, hacerla rígida y a la vez llevarla al extremo.

Cuando en un segundo estadio se rechaza también la doctrina del progreso, porque se han reunido ejemplos que demuestran lo contrario, se cree rechazar la propia Ilustración, aunque de hecho se ha refutado a uno de sus enemigos. El pensamiento de la Ilustración es un camino que asciende y desciende, o, si se prefiere, una obra en la que siempre actúan tres personajes.

Uno de los reproches que suelen hacerse a la Ilustración es que proporcionó los fundamentos ideológicos del colonialismo europeo del siglo xix y de la primera mitad del xx. El razonamiento es el siguiente: la Ilustración afirma la unidad del género humano, es decir, la universalidad de los valores. Los Estados europeos, convencidos de ser portadores de valores superiores, se creyeron autorizados a llevar su civilización a los menos favorecidos. Para asegurarse del éxito de su empresa tuvieron que ocupar los territorios en los que vivían esas poblaciones.

No cabe duda de que una mirada algo superficial a la historia de las ideas podría hacernos creer que el pensamiento de la Ilustración preparó las futuras invasiones. Condocert está convencido de que los países civilizados tienen la misión de llevar la Ilustración a todo el mundo. «¿No debe la población europea [...] civilizar o hacer desaparecer, incluso sin conquistarlos, los países salvajes que ocupan todavía vastas extensiones?»[6] Condorcet sueña con la instauración de un Estado universal homogéneo, y la intervención de los europeos podrá conducir a ella. También es cierto que unos cien años después los ideólogos de la colonización francesa recurrirán a este tipo de argumentos para legitimarla: así como es nuestro deber criar a nuestros hijos, también lo es ayudar a los pueblos que todavía están poco desarrollados. «La colonización —escribe en 1874 uno de sus partidarios, Paul Leroy-Beaulieu, economista y sociólogo, profesor del Collège de France— es en el ámbito social lo que en el ámbito familiar es no sólo la reproducción, sino también la educación.» Es la respuesta a una exigencia imperiosa, añade unos años después, en 1891: «Empezábamos a darnos cuenta de que más o menos la mitad del planeta, en estado salvaje o bárbaro, requería la actuación metódica y perseverante de los pueblos civilizados».[7] No es casualidad que Jules Ferry, defensor de la educación gratuita y obligatoria en Francia, se convierta en esos mismos años en el gran promotor de las conquistas coloniales en Indochina y en el norte de África. Según él, las razas superiores, como los franceses y los ingleses, tienen el deber de injerencia ante las demás: «Es su deber civilizar a las razas inferiores».[8]

Sin embargo, no está tan claro que deban tomarse demasiado en serio estos propósitos. Lo que demuestran es que los ideales de la Ilustración gozan en esos momentos de gran prestigio, y que cuando se emprende una empresa peligrosa, se suele contar con ellos. Los colonos españoles y portugueses del siglo xvi no actuaban de manera diferente cuando invocaban la necesidad de expandir la religión cristiana para justificar sus conquistas. Pero cuando los colonizadores se ven obligados a defender sus acciones paso a paso, abandonan rápidamente los argumentos humanitarios. El mariscal Bugeaud, que conquistó Argelia a mediados del siglo xix, no procura quedar bien cuando se ve obligado a asumir la masacre de argelinos ante la Cámara de Diputados francesa. «Siempre preferiré los intereses franceses a la absurda filantropía hacia los extranjeros que cortan la cabeza a nuestros soldados prisioneros o heridos.»⁹ En una intervención ante esa misma Cámara, Tocqueville, entonces diputado, le sigue los pasos. Dice que no cree que «el principal mérito del señor mariscal Bugeaud sea precisamente el de ser filántropo. No, no lo creo. Pero sí creo que el señor mariscal Bugeaud ha hecho en África un gran servicio a su país».¹⁰ Cuando Jules Ferry se ve también acorralado por las objeciones de sus opositores en la Cámara, que le acusan de traicionar los principios de la Ilustración, se bate en retirada. Afirma que tales argumentos «no son política, ni historia. Son metafísica política».¹¹ La política de colonización se oculta tras los ideales de la Ilustración, pero en realidad avanza en nombre del simple interés nacional. Ahora bien, el nacionalismo no es producto de la Ilustración; se trata, en el mejor de los casos, de un desvío: el de no admitir que pueda imponerse límite alguno a la soberanía popular. A este respecto los movimientos anticolonialistas se inspiran mucho más en los principios de la Ilustración, en concreto cuando reivindican la universalidad humana, la igualdad entre los pueblos y la libertad de los individuos. Así pues, la colonización europea de los siglos XIX y XX tiene esta característica sorprendente y potencialmente autodestructiva: sigue la estela de las ideas de la Ilustración, que inspirarán a sus enemigos.

Otro reproche especialmente grave al espíritu de la Ilustración es el de haber generado, aunque involuntariamente, los totalitarismos del siglo XX, con su rastro de exterminios, encarcelamientos y sufrimientos infligidos a millones de personas. En este caso el argumento se formula más o menos en los siguientes términos: al rechazar a Dios, los hombres eligen por sí mismos los criterios de bien y de mal. Ebrios de su capacidad de entender el mundo, pretenden remodelarlo para que se adecúe a su ideal. Al hacerlo, no dudan en eliminar o reducir a la esclavitud a partes importantes de la población mundial. Quienes más críticas vertieron sobre la Ilustración por las fechorías de los totalitarismos fueron algunos autores cristianos, aunque de iglesias diferentes. Las encontramos tanto en un anglicano como el poeta T. S. Eliot, que en 1939 publicó un ensayo titulado *La idea de una sociedad cristiana*, como en un ortodoxo ruso, el disidente Alexandr Solzhenitsyn, que la expone en su discurso de Harvard de 1978, e incluso en las obras del papa Juan Pablo II (me refiero a su último libro, que concluyó poco antes de morir, *Memoria e identidad*).

Eliot, que escribe en el momento en que estalla la Segunda Guerra Mundial, en concreto la guerra entre Alemania y Gran Bretaña, pretende mostrar que la única oposición verdadera al totalitarismo llegaría de la mano de una sociedad auténticamente cristiana. No hay otra solución. «Si no queréis tener Dios (y Él es un Dios celoso), tendréis que someteros a Hitler o a Stalin.»[12] Pero rechazar a Dios es obra de la Ilustración, que permitió fundar los Estados modernos sobre bases exclusivamente humanas. El reproche se hace más insistente en Solzhenitsyn. Dice que en el origen del totalitarismo encontramos «la concepción del mundo imperante en Occidente, que surgió en el Renacimiento, adoptó forma política a partir de la época de la Ilustración y fundamenta todas las ciencias del Estado y de la sociedad. Podríamos llamarla "humanismo racionalista", y proclama y lleva a cabo la autonomía humana frente a toda fuerza superior. O también —y por otra parte— "antropocentrismo": la idea del hombre como centro de lo existente». Pero si lo uno conduce automáticamente a lo otro, ¿no ha llegado el momento de cambiar de ideal? Solzhenitsyn concluye diciendo que «aferrarse hoy en día a fórmulas establecidas en la época de la Ilustración es ser retrógrado».[13]

La genealogía que traza Juan Pablo II no es muy diferente. Las «ideologías del mal» que operan en los totalitarismos proceden de la historia del pensamiento europeo: del Renacimiento, del cartesianismo y de la Ilustración. El error de este pensamiento es haber sustituido la búsqueda de la redención por la de la felicidad. «El hombre se había quedado solo; solo como creador de su propia historia y de su propia civilización; solo como quien decide por sí mismo lo que es bueno y lo que es malo.» De ahí a las cámaras de gas sólo hay un paso: «Si el hombre por sí solo, sin Dios, puede decidir lo que es bueno y lo que es malo, también puede disponer que un determinado grupo de seres humanos sea aniquilado». El «drama de la Ilustración europea» es haber rechazado a Cristo. A partir de ahí «se abrió el camino a las demoledoras experiencias del mal que vendrían más tarde».[14]

En esta visión de la historia se difumina la diferencia entre Estados totalitarios y Estados democráticos, ya que ambos tienen su origen en el pensamiento de la Ilustración. Para Eliot esta diferencia tiene una importancia secundaria, ya que tanto los unos como los otros comparten el ateísmo, el individualismo y la pasión por los meros bienes materiales. Según Solzhenitsyn, son variantes de un mismo modelo: «En el Este lo que pisotea nuestra vida interior es el bazar del partido; en el Oeste, el bazar del comercio. Lo escalofriante ni siquiera es que el mundo haya estallado, sino que todos los trozos principales tengan el mismo tipo de enfermedad».[15] La permisividad moral, característica de las sociedades occidentales, es para Juan Pablo II «otra forma de totalitarismo, falazmente encubierto bajo la apariencia de la democracia». El marxismo totalitario y el liberalismo occidental son variantes apenas diferentes de la misma ideología, producto de la aspiración al mero éxito material. Y cuando «un parlamento legaliza la interrupción del embarazo, aceptando la supresión de un niño en el seno de la madre»,[16] no actúa de manera muy diferente a ese otro parlamento que otorgó plenos poderes a Hitler y abrió así el camino a la «solución final».

Hay que distinguir aquí entre las diferentes acusaciones que se dirigen a la Ilustración. Como en el caso del colonialismo, debemos ante todo constatar que una ideología prestigiosa puede servir de camuflaje. Es cierto que el comunismo, a diferencia del nazismo, se reclamó heredero de ese glorioso legado, pero si observamos la práctica de las sociedades comunistas en lugar de sus grandilocuentes programas, nos cuesta encontrar sus huellas. La autonomía de los individuos se reduce a la nada, el principio de igualdad es ultrajado por la omnipresencia de jerarquías inmutables en el seno del poder, la búsqueda del conocimiento está sometida a dogmas ideológicos (la genética y la teoría de la relatividad son doctrinas burguesas que hay que reprimir) y el «humanismo» de los manifiestos es un espejismo. En lugar de dedicarse a la búsqueda de la felicidad personal, los individuos se ven obligados a sacrificarse por una lejana redención colectiva. Los valores materiales están lejos de haber triunfado. Al comunismo le cuesta mucho crear una sociedad de la abundancia. En realidad se trata más bien de una religión política, lo que nada tiene que ver con el espíritu de la Ilustración y de la democracia.

Además de este uso meramente decorativo de la Ilustración, el comunismo ha introducido otros que tienen más que ver con los desvíos. En este caso es perfectamente legítimo condenarlos, aunque en realidad no se juzga la Ilustración. La exigencia de autonomía permitía sustraer el conocimiento de la tutela de la moral, y la búsqueda de la verdad de los imperativos del bien. Llevada al extremo, el apetito de esta exigencia aumenta desmesuradamente, y es el conocimiento el que pretende dictar los valores de la sociedad. Los regímenes totalitarios del siglo xx utilizarán efectivamente este tipo de cientificismo para justificar la violencia. Con el pretexto de que las leyes de la historia, que la ciencia ha puesto de manifiesto, anuncian la extinción de la burguesía, el comunismo no dudará en exterminar a los miembros de esta clase. Con el pretexto de que las leyes de la biología, que la ciencia ha puesto de manifiesto, demuestran la inferioridad de ciertas «razas», los nazis matarán a los que identifican como miembros de las mismas. En los Estados democráticos este tipo de violencia es inconcebible, pero no se invoca menos la autoridad de la ciencia para legitimar una opción u otra, como si los valores de una sociedad pudieran inferirse automáticamente del conocimiento. No cabe duda de que el cientificismo es peligroso. No obstante, no podemos derivarlo del espíritu de la Ilustración, porque acabamos de ver que ésta se niega a creer en la transparencia total del mundo ante la mirada del sabio, y al mismo tiempo a inferir el ideal de la simple observación del mundo (lo que debe ser, de lo que es). El cientificismo es un desvío de la Ilustración, su enemigo, no uno de sus avatares.

Pero determinadas características del espíritu de la Ilustración que señalan Eliot, Solzhenitsyn y Juan Pablo II le son en efecto propias: autonomía, antropocentrismo, fundamento exclusivamente humano de la política y de la moral, y preferencia por los argumentos de razón en detrimento de los de autoridad. En esta ocasión lo que se rechaza es sin duda real, pero ¿quiere eso decir que esté fundamentado? Juan Pablo II acusa a la moral que surge de la Ilustración de ser exclusivamente subjetiva, de depender de la mera voluntad, de ser susceptible de doblegarse a las presiones de los que detentan el poder, a diferencia de la moral cristiana, que es inmutable porque se fundamenta objetivamente en la palabra de Dios. Sin embargo, podemos preguntarnos si esa objetividad es real, ya que nadie puede atribuirse estar en contacto directo con Dios, y los hombres se ven obligados a aceptar intermediarios acreditados por instancias puramente humanas, profetas y teólogos que pretenden conocer el designio divino. La ortodoxia de una religión depende de un grupo de hombres que nos ha legado una tradición. Pero la moral de la Ilustración no es subjetiva, sino *intersubjetiva*: los principios del bien y del mal son objeto de consenso, que puede llegar a ser el de toda la humanidad y que establecemos intercambiando argumentos racionales, es decir, fundamentados todos ellos en características humanas universales. La moral de la Ilustración deriva no del amor egoísta a uno mismo, sino del respeto a la humanidad.

Nos guste o no, la concepción de la justicia propia de la Ilustración es menos revolucionaria de lo que sugieren sus críticos. Es cierto que la ley es expresión de la voluntad autónoma del pueblo, pero esa voluntad tiene sus límites. Montesquieu, fiel al pensamiento de los antiguos, declara que la justicia es anterior y superior a las leyes. «La justicia no depende de las leyes humanas –escribe en el *Traité des devoirs*–. Se fundamenta en la existencia y en la sociabilidad de los seres racionales, no en sus disposiciones ni en sus voluntades particulares.» Y en *El espíritu de las leyes*: «Decir que nada hay de justo ni de injusto en lo que ordenan o prohíben las leyes positivas supone decir que antes de haber trazado el círculo todos los radios no eran iguales».[17]

Las leyes que perseguían a los burgueses y a los kulaks en Rusia, y a los judíos y a los gitanos en Alemania, contravenían los principios de justicia.

Esos principios no sólo son objeto de un amplio consenso (nadie afirmaría sin inmutarse que deba exterminarse a una parte de la población para favorecer a otra), sino que además en la mayoría de los países democráticos están contemplados en la Constitución o en sus preámbulos. La voluntad del pueblo es autónoma, no arbitraria.

Así pues, los rechazos y los desvíos de la Ilustración no son lo mismo, de modo que para combatirlos no recurrimos a los mismos argumentos. Lo que evoluciona es su importancia relativa: el enemigo que se apoyaba ayer en los logros de la Ilustración era menos amenazante que el que la atacaba desde fuera. En la actualidad sucede lo contrario. Sin embargo, ambos peligros siguen presentes, y no es casualidad que los que en nuestros días se proclaman herederos del espíritu de la Ilustración deban resguardarse en dos frentes. Por eso una asociación de defensa de las mujeres ha decidido definirse mediante dos negaciones: «Ni putas ni sumisas». Someter a las mujeres es rechazar la Ilustración; reducirlas a la prostitución es desviar la libertad que piden. No es cierto que rechazar una vía implique aceptar la otra. También está abierto el camino de la autonomía, del humanismo y de la universalidad.

Retomemos ahora algunos de estos debates y observémoslos un poco más de cerca.

3

Autonomía

En el punto de partida del cambio radical que trajo consigo el pensamiento de la Ilustración encontramos un doble movimiento, negativo y positivo: de liberación respecto de normas impuestas desde fuera, y de construcción de normas nuevas que nosotros mismos hemos elegido. Rousseau escribe que el buen ciudadano es el que sabe «actuar según las máximas de su propio juicio». En un artículo de la *Enciclopedia* de esa misma época Diderot traza así el retrato de su héroe ideal: es «un filósofo que deja de lado el prejuicio, la tradición, lo antiguo, el consenso universal y la autoridad, en pocas palabras, todo lo que subyuga el entendimiento, y se atreve a pensar por sí mismo».[18] Este filósofo no quiere someterse sin discusión a ningún amo. Siempre prefiere fundamentarse en lo que es accesible para todos: el testimonio de los sentidos y la capacidad de razonar. A finales de siglo Kant confirmará que el principio primero de la Ilustración es esta defensa de la autonomía. «¡Ten el valor de servirte de tu *propio* entendimiento! Éste es el lema de la Ilustración.» «La máxima de pensar por uno mismo es la Ilustración.»[19]

Diderot añade que «todos los actos están igualmente sujetos a la crítica». Condorcet insiste en que en materia de ciencias morales y políticas «hay que atreverse a examinarlo todo, a discutirlo todo, incluso a enseñarlo todo». Kant concluye: «Nuestro siglo es propiamente el siglo de la crítica, a la que todo debe someterse».[20] Eso no significa que el ser humano pueda prescindir de toda tradición, es decir, de toda herencia que le han transmitido sus mayores. Lo natural es vivir en una cultura, pero la cultura, empezando por la lengua, la transmiten los que nos preceden. No hay peor prejuicio que imaginar que podríamos razonar sin prejuicios. La tradición es constitutiva del ser humano, aunque no basta para proporcionar un principio legítimo ni una proposición verdadera.

Tal opción tiene consecuencias políticas evidentes. Los pueblos están formados por individuos. Si éstos empiezan a pensar por sí mismos, el pueblo entero querrá tomar las riendas de su destino. La cuestión del origen y de la legitimidad del poder político no es nueva. En el siglo XVIII se enfrentan dos grandes interpretaciones. Para unos el rey ha recibido la corona de manos de Dios, por más intermediarios que puedan imaginarse entre el origen y el destinatario final. Como es monarca por derecho divino, no tiene que rendir cuentas a nadie en la tierra. Para otros, los que reivindican la razón, la naturaleza o un contrato original, el poder está en el pueblo, en el derecho común y en el interés general. Dios creó a los hombres libres y les dotó de razón. «Todo hombre cuya alma se suponga libre debe gobernarse a sí mismo»,[21] escribe Montesquieu. Eso no quiere decir que se tenga que expulsar a los reyes. La opinión predominante en la época es que el pueblo, cuya multiplicidad le impide dirigirse, debe delegar ese poder en un príncipe. Éste gobierna de forma soberana, pero no por eso es irresponsable; su reinado debe servir los intereses de su país.

En este contexto intervendrá Rousseau, cuyas ideas radicales están expuestas en *Del contrato social*. No sólo opta decididamente por el origen humano, no divino, de todo poder, sino que además afirma que ese poder no puede transmitirse, sino sólo confiarse, como a un sirviente. Rousseau dirá que es inalienable. Lo que el pueblo ha prestado momentáneamente a un gobernante siempre puede recuperarlo. El interés común, única fuente de legitimidad, se expresa en lo que Rousseau llama la voluntad general. Y ésta se traduce en leyes. «No hay que preguntar ya a quién corresponde hacer leyes, puesto que son actos de la voluntad general.» Si llamamos «república» a un Estado que se rige por leyes, entonces «todo gobierno legítimo es republicano».[22] Rousseau considera que el pueblo ha olvidado que el poder, incluso el que ejerce el rey, le pertenece y puede recuperarlo en todo momento. Años después, en una colonia británica, un grupo de hombres sacará de esos razonamientos las pertinentes consecuencias y declarará su derecho a elegir libremente y por sí mismos su gobierno. Así nacerá la primera república moderna, en el sentido al que se refería Rousseau: Estados Unidos

de América. Y aún unos años después los protagonistas de la Revolución francesa reivindicarán esas
mismas ideas.

La liberación del pueblo avanza en paralelo a la
adquisición de autonomía por parte del individuo,
que se compromete con el conocimiento del mundo sin inclinarse ante autoridades anteriores, elige
libremente su religión y tiene derecho a expresar lo
que piensa en el espacio público y a organizar su
vida privada como mejor le parece. No debe creerse que, al conceder a la experiencia y a la razón un
papel privilegiado frente a las tradiciones, los pensadores de la Ilustración convierten esta exigencia
en hipótesis sobre la naturaleza de los hombres.
Saben perfectamente que nuestra especie no es ra-
zonable. «La razón es, y sólo debe ser, esclava de
las pasiones», afirma Hume antes de constatar que
esa razón no siempre se utiliza sabiendo lo que se
hace. «No es contrario a la razón el preferir la destrucción del mundo entero a tener un rasguño en
mi dedo.»[23] Y es que la razón es un instrumento
que puede servir tanto para el bien como para el
mal. Para cometer un gran delito el delincuente
debe desplegar gran capacidad de razonamiento.
Los hombres son empujados por su voluntad y sus
deseos, sus afectos y su conciencia, y también por
fuerzas que no pueden controlar. No obstante, la
razón puede orientarles cuando se comprometen a
buscar lo verdadero y lo justo.

La autonomía es deseable, pero no significa
autosuficiencia. Los hombres nacen, viven y mue-

ren en sociedad. Sin ella no serían humanos. El niño empieza a tener conciencia al recibir atención, despierta al lenguaje porque los demás lo llaman. El propio sentimiento de existir, que a nadie es ajeno, procede de la interacción con los demás. Todo ser humano adolece de insuficiencia congénita, de una incompletud que intenta colmar uniéndose a los seres que lo rodean y solicitando que se unan a él. Es también Rousseau el que mejor ha expresado esta necesidad. Su testimonio es especialmente valioso, ya que, como individuo, no se siente cómodo entre los demás y prefiere huir de ellos. Pero la soledad sigue siendo una forma de esa vida en común que no es posible ni deseable abandonar. «Nuestra existencia más dulce es relativa y colectiva, y nuestro verdadero yo no está entero en nosotros. La constitución del hombre es tal que jamás conseguimos gozar de nosotros mismos sin el concurso de otro.»[24] Eso no significa que toda vida en sociedad sea buena. Rousseau no deja de advertirnos contra la alienación de nosotros mismos bajo la presión de la moda, la opinión común y el qué dirán. Si sólo viven pendientes del otro, los hombres dejan de lado el ser, se preocupan sólo del parecer y hacen de la exposición pública su único objetivo. El «deseo universal de reputación», el «afán por que hablen de uno», el «furor por distinguirse»[25] se han convertido en los principales móviles de sus actos, que han ganado conformidad, pero perdido sentido.

Este pensamiento empieza a desviarse en el momento mismo en que se formula. Lo encontramos en la obra de Sade, que proclama que la soledad dice la verdad del ser humano. «¿Acaso no nacemos separados? Digo más: ¿acaso no nacemos enemigos los unos de los otros, en un estado de guerra perpetua y recíproca?»[26] De ese estado inicial Sade concluye la necesidad de elevar la autosuficiencia a regla de vida: lo único que importa es mi placer; no tengo que tener en cuenta a los demás salvo para protegerme de sus intrusiones. ¿Cómo no ver que esas fórmulas sadianas son contrarias no sólo al espíritu de la Ilustración, sino también al mero sentido común? ¿Dónde se ha visto que un niño nazca aislado (sin su madre) y sobre todo que sobreviva solo en el mundo? Los seres humanos son incluso la especie animal en la que los hijos tardan más en adquirir una mínima independencia. El niño abandonado muere por falta de cuidados, no a consecuencia de la «guerra perpetua y recíproca». Por el contrario, esa gran vulnerabilidad podría estar en el origen del sentimiento de compasión, propio de todos los seres humanos.

Pese a su total inverosimilitud, estas proclamas de Sade tuvieron gran éxito a lo largo de los siglos siguientes en autores que afirmaban a coro que el hombre está fundamental y esencialmente solo. (¿Acaso nunca vieron nacer y crecer a sus hijos?) Por poner sólo un ejemplo, Maurice Blanchot en *Lautréamont y Sade*, y Georges Bataille en *El erotismo* vieron en esos argumentos el gran mérito de Sade. Según Blanchot, todo en él se funda «en el hecho primario de la soledad absoluta. Sade lo dijo y lo repitió de todas las maneras; la naturaleza nos hizo nacer solos, no hay ningún tipo de relación entre un hombre y otro [...] El hombre verdadero sabe que está solo, y lo acepta». Bataille, que cita esas páginas de Blanchot, está de acuerdo: «El hombre solitario del que [Sade] es portavoz no tiene en cuenta de ningún modo a sus semejantes». Por eso, añade Bataille, habría que reconocer el mérito de este autor: «Nos dio una imagen fiel del hombre ante el cual el otro dejase de contar». Según Sade tal y como lo interpreta Bataille, la soberanía del individuo se expresa precisamente en la negación de todo sujeto que no sea el propio. «La solidaridad hacia los demás impide que el hombre tenga una actitud soberana.» Preocuparse de los demás sólo puede ser producto del miedo a asumirse plenamente uno mismo. Según Blanchot, «[el hombre verdadero] niega todo lo que en él, por una herencia de diecisiete siglos de cobardía, se refiere a otros hombres».[27] La autonomía del individuo se lleva aquí a un extremo en que se destruye a sí misma, ya que se confunde con la negación de los seres que están a nuestro alrededor, y supone por tanto una autonegación.

En el momento en que se formulan las dos reivindicaciones de autonomía, la colectiva y la individual, los autores no imaginan que puedan surgir conflictos entre ellas. Se piensa la soberanía del pueblo atendiendo al modelo de la libertad individual, y por lo tanto su relación es de contigüidad. Condorcet es el primero que señala el peligro. Cabe decir que Condorcet, representante de la Asamblea legislativa, goza de buena posición para observar los eventuales desvíos del poder al que representa. Formula sus advertencias sobre el excesivo empecinamiento de la autoridad colectiva en la libertad individual cuando aborda los problemas de la educación pública. Según Condorcet, la escuela debe abstenerse de adoctrinar ideológicamente. «La libertad de esas opiniones será meramente ilusoria si la sociedad se apropia de las generaciones que nacen y les dicta lo que deben creer.» Ese tipo de enseñanza, que el alumno sería incapaz de evaluar por sí mismo y de rebatir, le inculcaría «prejuicios» que no por proceder de la voluntad popular serían menos tiránicos. Así pues, supondría «un atentado contra una de las partes más valiosas de la libertad natural». Por eso es preciso sustraer los territorios de la acción del poder público y preservar así la capacidad crítica de los individuos. «El objetivo de la formación no es conseguir que los hombres admiren una legislación ya hecha, sino hacerlos capaces de valorarla y de corregirla.»[28]

Hoy en día estamos en condiciones de hacer justicia a la lucidez de Condorcet, porque en esas líneas describió cómo los poderes totalitarios han podido oprimir a la población a lo largo del siglo XX. (Volveré sobre este tema.) Tras la caída de estos regímenes nos hemos dado cuenta de que también era posible desviarse de la Ilustración en sentido inverso, y que los efectos eran inquietantes. No es sólo el Estado el que puede privar de su libertad a los habitantes de un país, sino también determinados individuos especialmente poderosos, que pueden reducir la soberanía popular. Ahí está el peligro: no en los dictadores, sino en determinadas personas con medios económicos importantes.

Tomemos dos ejemplos de deterioro de la soberanía popular relativos a las relaciones internacionales. El primero es el de la globalización económica. En la actualidad los Estados pueden defender sus fronteras con las armas si es preciso, pero ya no pueden detener la circulación de capital. Un individuo o un grupo de individuos, que sin embargo no gozan de la menor legitimidad política, pueden clicar en su ordenador y dejar el capital donde está o transferirlo a cualquier parte, es decir, abocar un país al paro o evitarle una catástrofe inminente. Pueden provocar problemas sociales o ayudar a solucionarlos. A los sucesivos gobernantes de un país como Francia les habría gustado mucho reducir el paro, pero no está tan claro que siga estando en su mano. El control de la economía no procede de la soberanía popular. Nos guste o no, tenemos que constatar los límites impuestos a la autonomía política.

El segundo ejemplo proviene de otro ámbito, el del terrorismo internacional. Los atentados perpetrados recientemente en diversos lugares del mundo no son obra de Estados que llevan a cabo una política agresiva, sino de individuos o grupos de individuos. Antes, sólo un Estado, y sólo de los más poderosos, podía organizar algo tan complejo como las explosiones de Nueva York, Estambul, Madrid y Londres. Esta vez han sido obra de varias decenas de personas. En la actualidad el progreso tecnológico permite que grupos de particulares puedan fabricar armas peligrosas; a la vez esas armas son cada vez más baratas, y tan pequeñas, que se pueden transportar fácilmente. Basta un teléfono móvil para detonar una explosión. El objeto más común se convierte en arma sospechosa. A los delincuentes no les cuesta demasiado esconderse y librarse de una posible respuesta militar. Un individuo no tiene territorio; son de diversos países, pero no se identifican con ninguno. Son apátridas. Los Estados modernos resultan estar mal armados contra esta otra forma de globalización, que destruye asimismo su soberanía.

Los habitantes de esos Estados sufren también una erosión de la autonomía interna. Su origen ya no es el poder estatal, sino otras fuerzas difusas mucho más difíciles de etiquetar. Mencionemos la opresión que ejerce la maquinaria económica, que adquiere la forma impersonal de la fatalidad y que impide al individuo hacer uso de su voluntad. (¿Cómo podría frenar el paro él solo?) Otras fuerzas no son menos paralizantes. Creemos que tomamos decisiones por nosotros mismos, pero si todos los grandes medios de comunicación nos martillean desde la mañana hasta la noche y día tras día con el mismo mensaje, disponemos de poca libertad para formarnos nuestras opiniones. Los medios de comunicación son omnipresentes: prensa, radio y sobre todo televisión. Pero nuestras decisiones se basan en la información de que disponemos. Esa información, aun suponiendo que no fuera falsa, ha sido seleccionada, escogida y agrupada para dirigirnos hacia una conclusión en lugar de hacia otra. Sin embargo, los órganos de información no expresan la voluntad colectiva, y no podemos reprochárselo. El individuo debe poder juzgar por sí mismo, no bajo la presión de decisiones estatales. Desgraciadamente, nada garantiza que esas informaciones sean imparciales.

En la actualidad en algunos países es posible –si se tiene mucho dinero– comprarse una cadena de televisión, o cinco, o diez, y emisoras de radio, y periódicos, y hacerles decir lo que uno quiere para que sus clientes, sus lectores y sus espectadores piensen a su vez lo que uno quiere. En este caso ya no se trata de democracia, sino de plutocracia. El que tiene el poder no es el pueblo, sino sencillamente el dinero.

En otros lugares no es cuestión de dinero, sino de la presión de la moda, del espíritu de los tiempos o del lugar. El Estado no somete a los periodistas, ni el capital los compra, pero todos ellos van en la misma dirección, imitan al más prestigioso de ellos, temen parecer fuera de onda y sienten que tienen todos ellos la misma misión. El fenómeno no es nuevo, pero en nuestro mundo, sometido continuamente a la información, su fuerza se ha multiplicado por diez. El espectador, o el radioyente, o el lector que cree elegir libremente sus opiniones, está necesariamente condicionado por lo que recibe. La esperanza que suscitó internet, la información emitida por individuos no controlados y accesible a todos, corre también el riesgo de ser vana. Lo que escapa al control no es sólo la información, sino también la manipulación, pero nada permite al internauta medio distinguir la una de la otra.

Si la opinión pública es muy poderosa, restringe la libertad del individuo, que acaba por someterse a ella. Rousseau era muy sensible a esta dimensión de las sociedades modernas, y por eso recomendaba criar a los hijos en relativa soledad, lejos de las presiones de la moda y de ideas preconcebidas. Y por eso prefería huir de las grandes ciudades. Ya en su época esta solución podía parecer utópica, pero desde entonces el mundo ha ido en la dirección contraria. Los medios de comunicación, en concreto la televisión, se han introducido en el espacio individual tanto en la ciudad como en el campo. Sobre todo los niños pasan muchas horas al día ante la pequeña pantalla. La televisión no está sometida a la tutela del Estado, pero necesita dinero para funcionar, y lo encuentra en la publicidad, es decir, en los vendedores de bienes de consumo. Mediante la publicidad, aunque también por el modo de vida que muestra en los reportajes y en las series de ficción, la televisión nos da un modelo a imitar, aunque jamás lo formule de forma explícita, lo que al menos nos permitiría ponerlo en cuestión.

El pensamiento de la Ilustración lleva a cultivar el espíritu crítico. Siempre hay que defender ese principio, especialmente contra quienes reaccionan a las críticas que no les gustan llevando inmediatamente el caso ante los tribunales. Debe protegerse la libertad de opinión, incluidas las opiniones que nos molestan. Eso no significa que toda postura crítica sea en sí misma admirable. Si aprovechamos la libertad de expresión propia del espacio público democrático para adoptar una actitud de denigración generalizada, la crítica se convierte en un juego gratuito que nada produce, salvo la subversión de su propio punto de partida. Demasiada crítica mata la crítica. En la tradición de la Ilustración, representaría sólo el primer estadio de un doble movimiento de crítica y de reconstrucción. Raymond Aron cuenta en sus *Memorias* un episodio de su juventud del que aprendió mucho. En 1930 le asusta el ascenso del nazismo en Alemania y lanza discursos muy críticos sobre la actitud del gobierno francés. Un ministro le escucha con atención y se propone informar de sus palabras al presidente del gobierno, pero pide a Aron que avance un paso más y que le conteste a la siguiente pregunta: «¿Qué haría usted si estuviera en su lugar?».[29] Aron aprendió la lección y por eso se convirtió en otro tipo de intelectual. El discurso crítico sin contrapartida positiva cae en el vacío. El escepticismo generalizado y la burla sistemática tienen de sabiduría sólo la apariencia. Al desviar el espíritu de la Ilustración, se convierten en un sólido obstáculo a su actuación.

4

Laicismo

Lo que amenaza la autonomía de la sociedad no es sólo el poder real establecido por derecho divino. Dicha autonomía supone un conjunto complejo en el que se enfrentan fuerzas diversas. Desde los orígenes de la historia europea nos hemos acostumbrado a distinguir entre el poder temporal y el poder espiritual. Si cada uno de ellos dispone de autonomía en su ámbito y está protegido contra las intrusiones del otro, hablamos de una sociedad *laica*, también llamada *secular*.

Habría cabido esperar que en la parte del mundo marcada por la tradición cristiana esa relación estuviera reglamentada de entrada, ya que Cristo anunció que su reino no era de este mundo, que la sumisión a Dios no interfería lo más mínimo con la debida al César. No obstante, desde el momento en que el emperador Constantino impuso el cristianismo como religión de Estado, en el siglo IV, surgió la tentación de apropiarse de todos los poderes a la vez. Es fácil entender por qué se produce esa tendencia. Se dirá que el orden temporal reina sobre los cuerpos, y el orden espiritual, sobre las almas. Pero almas y cuerpos no son entidades que sencillamente se yuxtaponen, sino que en cada ser forman inevitablemente una jerarquía. Para la religión cristiana el alma debe dirigir el cuerpo. De ahí se sigue que corresponda a las instituciones religiosas, es decir, a la Iglesia, no sólo dominar directamente las almas, sino también controlar indirectamente los cuerpos, y por tanto el orden temporal. Por su parte el poder temporal intentará defender sus prerrogativas y exigirá mantener el control de todos los asuntos terrenales, incluido el de una institución como la Iglesia. Para proteger su autonomía ambos adversarios están pues tentados de invadir el territorio del otro.

Para justificar sus ambiciones, los partidarios del poder espiritual ilimitado redactan (en 754) una falacia que llegaría a desempeñar un papel muy importante en el conflicto: la *Donación de Constantino*, un seudodocumento según el cual el primer emperador cristiano confiaba al papa no sólo el cuidado de las almas de los fieles, sino también la soberanía de los territorios de toda Europa occidental. En la segunda mitad del siglo xii, siendo papa Alejandro III, esas pretensiones quedarán codificadas en la doctrina llamada *plenitudo potestatis*, plenitud de poder. Según dicha doctrina, el papa detenta dos poderes simbólicos, el espiritual y el temporal, mientras que el emperador sólo detenta este último. Por lo tanto el papa es su superior jerárquico.

Podemos hablar aquí de un proyecto de *teocracia*, primera forma de plenitud de la autoridad. El poder temporal se pone sencillamente al servicio del proyecto religioso. Por oposición a éste, se desarrolla al mismo tiempo una forma totalmente distinta, que tiende a hacer de la Iglesia un instrumento como otro cualquiera al servicio del poder temporal. Los emperadores más vigorosos encarnan esta actitud (que fue la del propio Constantino), a veces llamada «cesaropapismo». Sus diversas variantes se oponen a la teocracia, pero no a la aspiración de la plenitud de poder: tanto si el Estado está al servicio de la Iglesia como si sucede a la inversa, ambos querrían poseer el poder íntegramente. La única limitación de fuerza por parte del rival es la imposibilidad de conseguir una victoria decisiva. El poder civil y el poder eclesiástico coexisten durante este período al que llamamos Edad Media, y su frontera es simplemente la línea en la que concluyó la última batalla. En el interior de su territorio cada cual reina en solitario. Por lo que respecta a los individuos, no disponen de la menor libertad de elección.

Los términos del debate se modificarán a partir de la Reforma gracias al lugar que ésta concede al individuo. Si un simple campesino ha sabido hablar a Dios, puede tener razón frente al papa, que después de todo no está exento de la herejía. En un primer momento Lutero piensa que el soberano temporal debe respetar el ámbito inviolable de lo que los teólogos llaman «actos inmanentes», es decir, la relación con Dios, la vida interior, la conciencia. El príncipe no tiene rival en el ejercicio del poder, pero encuentra un límite: no el poder de la Iglesia, sino la conciencia del individuo, de la que éste sólo rinde cuentas a Dios. Hace aquí su aparición una tercera fuerza que altera la anterior oposición entre poder temporal y poder espiritual: la del individuo que controla él solo su comunicación con Dios, y que en un segundo estadio podría apropiarse del control de otros territorios sometidos al dominio de los antiguos poderes. Así pues, en el punto de partida el «individuo» sólo es el nombre del marco que permite salvaguardar la experiencia religiosa de las intrusiones del poder político. Sin embargo, ese marco individual puede enriquecerse. Habrá entonces que defenderlo tanto contra el Estado como contra los poderes eclesiásticos. Ése es el sentido del laicismo moderno.

La historia europea moderna, desde el Renacimiento hasta la Ilustración, de Erasmo a Rousseau, es la historia tanto de la consolidación de la separación de las instituciones públicas respecto de las tradiciones religiosas como del aumento progresivo de la libertad individual. El poder temporal de la Iglesia se debilita, aunque no queda abolido, como testimonian los numerosos pasos en favor de la tolerancia religiosa. En 1756 Rousseau da testimonio de ello a Voltaire: «Me indigna, como a usted, que la fe de cada uno no goce de total libertad, y que el hombre se atreva a controlar las conciencias internas que no sería capaz de entender».[30]

Segmentos enteros de la sociedad empiezan a reclamar la retirada de la tutela religiosa y el derecho a la autonomía. Una de las reivindicaciones más significativas es la de Cesare Beccaria, autor del tratado *De los delitos y las penas* (que publicó cuando tenía veintiséis años), en el que formula con claridad la distinción entre pecado y delito, que permite sustraer la acción de los tribunales del ámbito religioso. Las leyes sólo se ocupan de las relaciones humanas en la ciudad; transgredirlas nada tiene que ver con la doctrina religiosa. Por su parte, los pecados no caen bajo el peso de la ley. Derecho y teología dejan de confundirse.

Beccaria muestra también otra amenaza a la libertad del individuo que no procede ya de la Iglesia (que no debe detentar poder temporal) ni del Estado (que no debe inmiscuirse en lo espiritual), sino de la familia. El cabeza de familia puede ejercer la tiranía sobre los demás miembros y privarlos de la independencia que han adquirido en las estructuras sociales. Así como todo individuo que haya alcanzado edad de razonar tiene derecho a dirigirse directamente a Dios, puede también apelar directamente a la república a la que pertenece para gozar de los derechos que ésta garantiza. Entonces «el espíritu de libertad soplará no sólo en las plazas públicas y en las asambleas de la nación, sino también en las casas, donde reside buena parte de la felicidad o de la desdicha de los individuos».[31]

En una democracia liberal moderna, la conducta del individuo se reparte ya no entre el orden temporal y el espiritual, sino en tres ámbitos. En uno de los extremos se sitúa el ámbito privado y personal, que gestiona el propio individuo sin que nadie pueda decirle nada. Desde la Reforma la libertad de conciencia se amplía a la libertad de toda conducta privada. En el extremo opuesto se sitúa el ámbito legal, en el que se imponen al individuo normas estrictas, garantizadas por el Estado, que no puede transgredir sin convertirse en delincuente. Entre ambos hay una amplia tercera zona, pública o social, impregnada de normas y de valores, pero que no poseen carácter obligatorio. Mientras que las leyes formulan órdenes e imponen penas, aquí se limitan a dar consejos o a expresar reprobaciones en el marco del debate público, tanto de reglas morales, de las presiones que ejerce la moda y el espíritu de los tiempos como de prescripciones religiosas (es por tanto el ámbito del antiguo poder espiritual).

El mapa de las tres zonas varía de un país y de un momento histórico a otro, pero todos reconocen la necesidad de diferenciarlas y de establecer sus límites. Para nuestros contemporáneos el laicismo consiste en el hecho de que cada quien sea amo y dueño en su casa sin invadir la libertad de los demás. El Estado controla la esfera legal, pero no puede dictar su voluntad a la sociedad civil. Ésta ocupa el ámbito público, pero su acción se detiene ante la frontera que protege la libertad del individuo. Además el Estado garantiza la libertad y la protección del individuo respecto de la sociedad civil. Ese equilibrio entre esferas es frágil (como muestra, por ejemplo, el debate sobre el derecho al aborto), pero indispensable para el buen funcionamiento de la comunidad. Mantenerlo forma parte de los deberes del Estado.

Debemos volver ahora sobre un punto que ya he mencionado: el descubrimiento de Condorcet durante la Revolución francesa de un nuevo peligro para la autonomía del individuo, y por lo tanto también para el laicismo de la sociedad. Ese peligro consiste en que quienes detentan el poder temporal aspiren no a dominar una religión que ya existe, como en el caso del cesaropapismo, sino a fundar un nuevo culto cuyo objeto es el propio Estado, sus instituciones o sus representantes. Condorcet lo descubre en ese momento porque no había existido en tiempos pasados. La presencia de la religión oficial impedía que el poder temporal se convirtiera en religión. Lo que hizo posible esta nueva religión fue el hecho de haber descartado la iglesia cristiana. Los mismos que quisieron liberar a los hombres del yugo de la religión se arriesgan a convertirse en servidores de un culto no menos opresivo. A partir del momento en que es el poder el que dice al pueblo lo que hay que creer, nos encontramos con «una especie de religión política», apenas preferible a la anterior. Condorcet añade: «Robespierre es un cura, y nunca dejará de serlo».[32] Ésta parece ser la primera vez que aparece la expresión «religión política», muy diferente de la de «religión civil» de Rousseau, que no suponía más que el reconocimiento de los principios de la vida en común.

En el fondo el contenido concreto del nuevo dogma importa poco. Puede tratarse de moralismo cívico, como en el caso de los revolucionarios que sueñan con reconstruir la antigua Esparta, o por el contrario de elogiar el espíritu mercantil, la pura búsqueda de beneficios, que convierte en lícito comerciar con esclavos y explotarlos, por ejemplo, o someter a pueblos extranjeros. Lo fundamental es la nueva «plenitud de poder», dado que el poder temporal impone también las creencias que le convienen. Si controla la escuela, convierte la formación, que debería proporcionar la liberación, en herramienta de una sumisión más completa. Presenta como dogmas inmutables, o peor, como verdades científicas las últimas decisiones políticas. Al controlar la información, consigue que «los ciudadanos jamás se enteren de nada que no les haga confirmarse en las opiniones que sus señores quieren dictarles».[33] Los individuos, a los que se manipula, creen actuar por sí mismos, pero llevan a cabo el programa de quienes detentan el poder.

Condorcet despliega ante los ojos del lector un escenario realmente catastrófico. Imaginemos, dice, que «un grupo de audaces hipócritas» se apodera del poder central y se apropia de las postas locales en todo el país. Podrían hacerse con las principales fuentes de información, y por lo tanto contarían con la credibilidad de «un pueblo cuya falta de formación lo deja expuesto a los fantasmas del miedo». Alternando seducción y amenazas, ese grupo de poder «ejercerá, bajo la máscara de la libertad»,[34] una tiranía cuya eficacia nada tiene que envidiar a las que la precedieron.

Tal plenitud de poderes sería incluso peor que sus predecesoras, ya que el ámbito de la nueva religión política se confunde con la existencia terrenal de los hombres. La religión tradicional quería controlar la conciencia del individuo, ya fuera ejerciendo ella misma el poder temporal, ya fuera delegando en este último la labor de coaccionarlo. Pero la religión política podrá vigilar y orientar directamente todo. En consecuencia, la libertad que defiende ahora Condorcet no es ya sólo la de conciencia. Es, como dirá quince años después Benjamin Constant, lector atento de las *Memorias* de Condorcet, toda la libertad de los modernos. Los antiguos, en efecto, no piensan la libertad en esos términos. No imaginan que haya que defender al individuo de sus propios representantes. El territorio de la nueva religión supera con creces el de la antigua, por lo que también aumenta lo que el individuo tendrá que defender.

El terror jacobino supone ya una primera «religión política», pero los peores temores de Condorcet no se cumplirán hasta ciento treinta años después, a principios del siglo XX. Tras la Primera Guerra Mundial surgirán en Europa varios regímenes políticos de un nuevo tipo, pero que se corresponden muy bien con esa imagen premonitoria: el comunismo, el fascismo y el nazismo. En esta época probablemente se han olvidado las palabras de Condorcet, pero desde la década de 1920 los observadores atentos subrayan las características de lo que también ellos llaman religión política. Entre esos testimonios, que van desde periodistas católicos italianos y alemanes hasta autores de obras ensayísticas como Eric Voegelin o de artículos brillantes como Raymond Aron, merece una mención especial Waldemar Gurian, un judío ruso que se convierte al catolicismo, que vive en Alemania antes de emigrar a Suiza y después a Estados Unidos, y que desde los años veinte escribe estudios comparativos sobre los totalitarismos europeos.

Como los demás observadores, Gurian señala la paradoja que supone llamar «religión» a una doctrina que se diferencia claramente de las confesiones tradicionales y que, en el caso del comunismo, se opone a ellas con virulencia. Por eso sugiere tomar prestado del movimiento de euroasiáticos de su tiempo, rusos emigrados de talante antieuropeo, el término de «ideocracia» e incluir como dos subgrupos de ella las religiones tradicionales y las nuevas religiones políticas. Pero esta distinción no le impide ver que las doctrinas totalitarias comparten ciertas características con los cultos religiosos y que, lo que nos importa aquí, exigen la abolición del laicismo lentamente conquistado a lo largo de los siglos anteriores. Como había previsto Condorcet, ese nuevo ataque se diferencia tanto de la teocracia como del cesaropapismo en que esas dos formas de confusión entre lo espiritual y lo temporal mantienen al mismo tiempo la distinción de los dos ámbitos y sólo exigen la sumisión de uno al otro, mientras que las nuevas religiones políticas eliminan la distinción e imponen la sacralización del poder político bajo la forma del Estado, del Pueblo o del Partido, o incluso del régimen que lo impone: fascismo, nazismo o comunismo. La religión tradicional o bien se combate y se elimina (en el comunismo), o bien se somete y se margina (en el fascismo y en el nazismo). En ningún caso sigue siendo mediador privilegiado de lo sagrado, papel que en adelante se reserva el poder político.

Si el poder espiritual vencido hubiera podido evitar que lo eliminaran definitivamente, habría podido actuar de moderador, aunque fuera de forma modesta. Pero en este caso no es posible, porque ya no se trata de sumisión, sino de sustitución. Como señala Gurian: «Las energías y las fuerzas que antaño encontraban alivio y expresión en la religión y que limitaban el poder del viejo soberano despótico son en lo sucesivo fuerzas motrices que operan detrás y en el seno de los nuevos regímenes despóticos del siglo xx. Las ideologías totalitarias sustituyen y suplantan la religión».[35] Con la lucidez que nos proporciona el paso del tiempo podemos añadir que los regímenes totalitarios pasan de una primera fase «teocrática», en la que el partido controla el Estado, a una segunda fase «cesaropapista», en la que el partido se pone al servicio del Estado. En ambos casos se confirman los temores de Condorcet: debido precisamente a su tendencia totalitaria, ese nuevo tipo de fusión entre poder temporal y poder espiritual elimina más radicalmente que nunca la libertad individual que garantizaba el laicismo.

La sociedad secular tiene muchos enemigos. En la época de la Ilustración los representantes de la Iglesia institucional se inspiran en la frase emblemática de Bossuet: «Tengo derecho a perseguiros, porque tengo razón y vosotros estáis equivocados», que establece una fuerte continuidad entre el mundo espiritual (donde acaso podrían encontrarse las razones y los errores) y el mundo temporal (donde pueden llevarse a cabo persecuciones). Tras la Revolución Bonald defiende también que la tolerancia sólo es adecuada para las cosas indiferentes; para todo lo que es realmente importante hay que someterse a la verdad del dogma. En los regímenes totalitarios también se rechaza el laicismo. La sociedad entera está sometida al Estado.

Todas las sociedades occidentales contemporáneas practican diversas formas de laicismo, aunque a partir de la década de los noventa del siglo xx éste se puso en cuestión a consecuencia del auge del islamismo. La propagación de una versión fundamentalista de la religión musulmana ha tenido en la vida de muchos países dos consecuencias importantes y estrechamente vinculadas entre sí: los actos terroristas, que no apuntan concretamente al laicismo, y la sumisión de las mujeres, que sí lo hace. Esta última práctica no es exclusivamente islámica, dado que la encontramos en un amplio territorio, que incluye el Mediterráneo y Oriente Medio, donde se practican varias religiones. No es menos cierto que en la Europa contemporánea son algunos representantes del islam los que principalmente reivindican la desigualdad de las mujeres. En su caso la interpretación literal de los textos sagrados les lleva a justificar el dominio de los hombres –padre, hermano o marido– sobre mujeres mayores que ellos, y priva a éstas de las libertades individuales de las que gozan las demás ciudadanas del mismo país. La amenaza que denunciaba Beccaria vuelve a hacerse aquí realidad.

Este tipo de interpretación tiene por efecto erigir un culto a la virginidad y a la fidelidad, y por tanto privar a las chicas del control de su propio cuerpo, así como prohibir a las mujeres casadas que trabajen fuera de casa o incluso simplemente que salgan y queden expuestas a las miradas de desconocidos. Y lo que es más grave, según dictan las prescripciones religiosas, a las mujeres se las golpea cada vez que no cumplen esas normas, como reivindican públicamente algunos representantes de ese islam integrista. Cabe recordar las declaraciones de Hani Ramadan, entonces director del Centro Islámico de Ginebra, que explicaba que la ley religiosa era en realidad muy clemente: «La lapidación prevista en caso de adulterio sólo es posible si cuatro personas han sido testigos presenciales del delito».[36] ¿Cuántos otros piensan este tipo de cosas, pero no se atreven a decirlas en público?

Varias voces de mujeres musulmanas se han alzado para denunciar esta situación. En Francia, la asociación Ni Putas Ni Sumisas se dedica a luchar contra este problema. En 2002 organizó una manifestación nacional y publicó un manifiesto en el que puede leerse: «Ni putas ni sumisas, simplemente mujeres que quieren vivir su libertad para aportar su deseo de justicia».[37] Son las familias, no los imanes, las que quieren someter a las mujeres, pero encuentran la legitimación de sus prohibiciones en los textos sagrados. El resultado es que la libertad de esas mujeres está coartada, y en último término la igualdad de todos los miembros de una misma sociedad. Ayaan Hirsi Ali, hoy diputada holandesa y atea, pero de origen somalí y de educación musulmana, también milita desde hace años para proteger y ayudar a mujeres golpeadas, violadas y mutiladas en nombre de principios extraídos del islam. El guión de la película que escribió, *Sumisión*, provocó en 2004 el asesinato del director, Theo Van Gogh. También Hirsi Ali rechaza la sumisión del individuo a las prescripciones de un grupo como el de los musulmanes fundamentalistas y en su lugar reivindica que todos los ciudadanos estén sujetos a las mismas leyes. Afirma que «la libertad individual y la igualdad entre hombre y mujer» no son opciones facultativas, sino «valores universales» inscritos en las leyes del país.[38] En una democracia liberal, el hecho de que las mujeres tengan que estar forzosamente sometidas a los hombres y que se les impida actuar como quieran no forma parte del ámbito de lo tolerable.

Junto a estos rechazos del laicismo podemos observar también cómo éste se desvía por abuso de simplificación y de sistematización. Ése sería el caso si la sociedad secular se convirtiera en sinónimo de una sociedad en la que todo lo sagrado está proscrito. En la sociedad tradicional el dogma religioso define lo sagrado, que puede extenderse tanto a las instituciones como a los objetos. La Revolución francesa intentó sacralizar la nación: se suponía que el amor a la patria desempeñaba el papel antes atribuido al amor a Dios. También los regímenes totalitarios quisieron sacralizar sustitutos terrenales de lo divino, como el pueblo, el partido y la clase obrera. Las democracias liberales contemporáneas no suprimen todos los deberes de los ciudadanos, pero tampoco los sacralizan. No impiden que los individuos encuentren lo sagrado en su ámbito privado. Para uno lo sagrado es el trabajo, para otro las vacaciones, para un tercero sus hijos y para el de más allá su religión, pero ninguna institución y ningún objeto son sagrados. Todo puede criticarse. Incluso los acontecimientos que en la sociedad francesa suscitan juicios de valor unánime, como el genocidio de los judíos y la Resistencia, no poseen carácter sagrado en el ámbito público. Para que el conocimiento progrese no debe toparse con zonas prohibidas, y lo sagrado es algo que no se puede tocar.

No obstante, no es cierto que nuestras sociedades seculares estén totalmente desprovistas de sacralidad. Lo que sucede es que lo sagrado ya no se encuentra en los dogmas y en las reliquias, sino en los derechos de los seres humanos. Para nosotros es sagrada determinada libertad del individuo: su derecho a practicar (o no) la religión que prefiera, a criticar las instituciones y a buscar por sí mismo la verdad. Es sagrada la vida humana, y por eso los Estados ya no tienen derecho a atentar contra ella con la pena de muerte. Es sagrada la integridad física, y por eso se rechaza la tortura, incluso cuando la razón de Estado la recomienda, y se prohíbe practicar la ablación del clítoris a niñas que todavía no disponen de voluntad autónoma.

Así pues, lo sagrado no está ausente ni del ámbito personal de una sociedad secular, ni del legal. En cuanto al ámbito público, no está ni dominado por algo sagrado, ni condenado al caos de opiniones contradictorias. Puede regularse mediante máximas que surgen del consenso general. Condorcet escribía: «Lo que en cada época marca el verdadero término de la ilustración no es la razón particular de determinado hombre de genio, sino la razón común de los hombres ilustrados».[39] No todas las opiniones tienen el mismo valor, y no debe confundirse la elocuencia del discurso con la exactitud de la reflexión. Se accede a la ilustración no confiando en la clarividencia de uno solo, sino reuniendo dos condiciones: de entrada, elegir a «hombres ilustrados», es decir, a individuos bien informados y capaces de razonar; en segundo lugar, conseguir que busquen la «razón común» y que por tanto estén en condiciones de dialogar y argumentar. Pero es posible que antes de alcanzar este ideal de la Ilustración nos quede mucho por delante.

5

Verdad

Para circunscribir mejor el lugar de la autonomía puede ser cómodo partir de la diferencia entre dos tipos de acción, y por tanto también de discurso: el que tiene por objetivo promover el bien, y el que aspira a establecer la verdad. Los pensadores de la Ilustración necesitan esta distinción para mantener el conocimiento del hombre y del mundo al margen de las competencias de la religión. Por eso Voltaire llama nuestra atención respecto de lo siguiente: las religiones son múltiples (él habla de «sectas»), mientras que la ciencia es una. Sin duda nadie ha oído hablar de sectas de algebristas. Esta diferencia fácil de observar tiene múltiples implicaciones. Significa sobre todo que quienes detentan el poder, tanto si es de origen divino como humano, no deben tener la menor influencia sobre el discurso que pretende conocer la verdad. Ambos no pertenecen al mismo espacio. En 1742 Hume escribió: «Aun cuando todo el género humano concluyera de forma definitiva que el Sol se mueve y que la Tierra está en reposo, no por esos razonamientos el Sol se movería un ápice de su lugar, y esas conclusiones seguirían siendo falsas y erróneas para siempre».[40] La verdad no depende del voto.

Es Condorcet quien profundizará en las consecuencias de esa opción en los últimos años del siglo XVIII, cuando reflexiona sobre la enseñanza. Se acercó a ese tema unos diez años antes de dedicarse a sus *Memorias*, cuando defendía la tolerancia religiosa y más concretamente los derechos de los protestantes a dar clases en las mismas condiciones que los profesores católicos. ¿En qué podía fundamentar esta reivindicación? En el hecho de que la religión del maestro es indiferente, ya que la materia impartida depende no de la fe, sino de la ciencia. «Tan respetable es procurar no confiar una dignidad eclesiástica más que a hombres de ortodoxia irreprochable como ridículo sería preocuparse de la ortodoxia de un profesor de física y de anatomía.»[41] Para explicar las teorías de Newton no importa si el profesor es católico o protestante. Pero si aceptamos este punto, se impone una conclusión: una frontera separa claramente dos tipos de materias susceptibles de ser enseñadas. Por un lado están las religiones, o en sentido más amplio las opiniones y los valores, que dependen todos de la creencia o de la voluntad del individuo; por el otro, los objetos de conocimiento, actividad cuyo horizonte último ya no es el bien, sino la verdad. Enseñar una cosa o la otra son dos actividades totalmente diferentes.

En 1791, mientras escribe sus *Memorias*, Condorcet encontrará dos maneras de denominar esas formas de enseñanza. Opone ahora la *instrucción pública* a la *educación nacional*, y clama en favor de la primera, la única que a su juicio depende de las competencias republicanas. La educación «engloba todas las opiniones políticas, morales y religiosas». La educación *nacional* dará a todos los alumnos el mismo espíritu patriótico. Por otra parte, la instrucción ya no se encargará de «reafirmar las opiniones establecidas», de que «los hombres admiren una legislación ya hecha», sino que les enseñará a «someter a libre examen» sus propias convicciones, a llevarlas a juicio y si es preciso a corregirlas. La educación apunta a propagar sus valores, a promover lo que estima que es útil. La instrucción enseña «verdades de hecho y de cálculo», facilita el acceso a informaciones objetivas y ofrece a los hombres las herramientas que les permiten hacer buen uso de la razón para que «puedan decidir por sí mismos».[42] El objetivo es la autonomía del individuo, la capacidad de examinar de forma crítica las normas establecidas y de elegir por uno mismo las reglas de conducta y las leyes; el medio, el dominio de capacidades intelectuales fundamentales y el conocimiento del mundo. En eso consiste pasar de la infancia a la edad adulta. Defender la libertad del individuo implica distinguir entre hecho e interpretación, ciencia y opinión, verdad e ideología. Apelando al primer término de esas oposiciones, término que escapa a toda voluntad, y por lo tanto a todo poder, existe la posibilidad de ganar esa batalla.

El razonamiento de Condorcet presupone nuestra gran dicotomía, la que tiene lugar entre el ámbito de la voluntad, cuyo horizonte es el bien, y el ámbito del conocimiento, que se orienta a la verdad. La primera se materializa de forma ejemplar en la acción política; el segundo, en la ciencia. Cada uno de ellos sigue una lógica distinta, por lo que Condorcet llega a escribir: «En general todo poder, sea de la naturaleza que sea, esté en manos de quien esté, se haya otorgado como se haya otorgado, es por naturaleza enemigo de la ilustración». La razón de este conflicto le parece simple: cuanta más educación tienen los individuos, más capaces son de decidir por sí mismos y menor es su tendencia a someterse ciegamente al poder. «La verdad es tan enemiga del poder como de quienes lo ejercen.»[43] Sin embargo, no todos los poderes son iguales. El buen gobierno es el que se preocupa más del bienestar de los ciudadanos que de su propio triunfo y favorece el avance de la ilustración, es decir, de la instrucción pública, el que ayuda a los ciudadanos a adquirir autonomía facilitándoles el acceso a la verdad. Se trata en este caso de un gobierno paradójico que ofrece a los ciudadanos, si no las armas para que luche contra él, al menos los medios para que se emancipe. En este sentido es comparable con los padres que intentan ofrecer autonomía a sus hijos sabiendo que si la consiguen, corren el riesgo de convertirse en inútiles como padres y de que se alejen de ellos.

Un buen gobierno no se opone a que los conocimientos aumenten y se propaguen. Pero su papel se queda ahí. En ningún caso debe empeñarse en contribuir él mismo a que progrese la verdad, ya que ésta no es un asunto de voluntad. El poder público no debe enseñar sus opciones haciéndolas pasar por verdades. «Su deber es armar contra el error, que siempre es un mal público, toda la fuerza de la verdad. Pero no tiene derecho a decidir dónde reside la verdad ni dónde está el error.»[44] Debe hacer materialmente posible el avance del conocimiento, no establecerlo. No corresponde al pueblo pronunciarse sobre lo que es verdad o mentira, ni al parlamento deliberar sobre el significado de los hechos históricos del pasado, ni al gobierno decidir lo que debe enseñarse en la escuela. La voluntad colectiva o soberana del pueblo topa aquí con un límite, el de la verdad, sobre el cual no tiene influencia. Esta independencia de la verdad protege al mismo tiempo la autonomía del individuo, que puede apelar a la verdad ante el poder. La verdad está por encima de las leyes. Por su parte, las leyes del país no son fruto de una verdad establecida, sino expresión de la voluntad pública, siempre sujetas a variación. La búsqueda de la verdad no depende de la deliberación pública, ni ésta de aquélla. Los Estados modernos han seguido este principio y han separado el ámbito legislativo, que sólo depende de la voluntad popular, del reglamentario, en el que intervienen otros factores.

Tanto el buen desarrollo de la vida política en una república como la autonomía de los ciudadanos están amenazados por dos peligros simétricos e inversos: el moralismo y el cientificismo.

El moralismo impera cuando el bien impera sobre la verdad y cuando por presión de la voluntad los hechos se convierten en materia maleable. El cientificismo prevalece cuando los valores parecen depender del conocimiento y cuando las opciones políticas se hacen pasar por deducciones científicas. Condorcet advierte eficazmente contra la tentación moralista. Asustado por el entusiasmo de los revolucionarios que imaginan que la Francia de su época es una nueva Esparta, defiende la independencia de la ciencia y de la búsqueda de la ilustración. El Terror, durante el cual la exigencia de virtud ya no deja lugar a la verdad independiente, es una forma extrema de moralismo, por lo que Condorcet le ofrece resistencia y morirá en el empeño. Por otro lado, tampoco él mismo se libra siempre de la ilusión cientificista, ya que espera que el avance del conocimiento engendrará por sí mismo un orden político mejor y la felicidad de los hombres.

El cientificismo es una doctrina filosófica y política que surge en la modernidad y parte de la premisa de que el mundo es totalmente cognoscible, y por tanto transformable en función de los objetivos que nos pongamos a nosotros mismos, objetivos que a su vez derivan directamente de ese conocimiento del mundo. En este sentido el bien deriva de la verdad. La Ilustración conoce bien la tentación cientificista, que se pone de manifiesto, por ejemplo, en la reflexión moral de Diderot, que querría que nuestra conducta obedeciera sólo las leyes de la «naturaleza». «La ley civil sólo debe enunciar la ley de la naturaleza [...] Lo que constituye al hombre como tal [...] debe fundamentar la moral que le es apropiada.»[45] Pero ¿quién podría ayudarnos a conocer la naturaleza mejor que la ciencia? De lo que es deduciremos automáticamente lo que debe ser. Unos años después Sade aprovechará este razonamiento para legitimar su desvío del espíritu de la Ilustración. «Puesto que la destrucción es una de las primeras leyes de la naturaleza, nada que destruye podría ser considerado criminal.» «No tengáis ya más freno que el de vuestras inclinaciones, más leyes que vuestros deseos, más moral que la naturaleza.»[46] Para Diderot y Sade parece que el hombre viva solo, que sus actos no tengan la menor incidencia en otros seres humanos. Esto les permite considerar superflua toda ley civil o moral.

El mismo razonamiento se aplica al orden político. Para el barón de Holbach el hombre es infeliz porque no conoce la naturaleza. De ahí podemos deducir que le bastaría con conocerla para ser feliz, que para vivir bien basta con saber. Por su parte, Condorcet afirma: «La única fuente de la felicidad pública es conocer la verdad y conformar con ella el orden de la sociedad».[47] Condorcet, sensible a la influencia del bien sobre la verdad, no ve inconveniente en que la verdad sea la «única fuente» del bien. Le parece que la acción que se ejerce sobre la sociedad no comporta la menor elección de valores ni de objetivos, que es el conocimiento en sí el que se encarga de producirlos.

Sin embargo, otros representantes del espíritu de la Ilustración combaten ya entonces este germen de cientificismo. Hemos visto que para Montesquieu toda ambición de dominar totalmente el mundo es vana, debido tanto a su extrema complejidad como al carácter singular de uno de sus habitantes, el ser humano, que jamás es del todo previsible porque se presta a huir de todo determinismo, porque siempre puede «estar de acuerdo u ofrecer resistencia», como decía Rousseau. Disipar la ilusión de continuidad automática entre acumulación de conocimiento y perfeccionamiento moral y político es incluso el punto de partida de la reflexión de Rousseau, que se opondrá a gran cantidad de contemporáneos suyos, enciclopedistas y «filósofos». Rousseau repite incansablemente que para hacer mejor a la humanidad no basta con «difundir la ilustración». «Podemos ser hombres sin ser sabios.»[48]

Hoy en día todos rechazamos determinadas formas de cientificismo, las que estuvieron gravemente involucradas en las aventuras totalitarias del siglo xx. Ya no predicamos que hay que eliminar a las razas inferiores o a las clases reaccionarias. Eso no quiere decir que las democracias contemporáneas estén libres de todo rastro de cientificismo; lo que sucede es sencillamente que éste adopta otras formas. De ahí la tentación de confiar la elaboración de normas morales y de objetivos políticos a «expertos», como si la definición del bien dependiera del conocimiento. O el proyecto «sociobiológico» de fusionar el conocimiento del hombre con el de la naturaleza y fundamentar tanto la moral como la política en las leyes de la física y de la biología. Podemos por tanto preguntarnos por qué los biólogos serían los más cualificados para ocupar puestos en los diversos comités de ética que han creado los países occidentales. Estos comités suelen estar formados por dos categorías de personas, las científicas y las religiosas, como si entre ambas no existiera instancia política alguna, autoridad moral alguna.

Estas opciones implican una concepción monolítica del espacio social, concepción según la cual bastaría con disponer de información fidedigna para tomar las decisiones correctas. Pero la información en sí está lejos de ser homogénea, y no basta abordarla desde un enfoque exclusivamente cuantitativo. No es sólo que no nos volvamos más virtuosos por multiplicarla indefinidamente, como preveía ya Rousseau, sino también que ni siquiera nos hacemos más sabios. El vertiginoso avance de los medios de almacenamiento y de transmisión de la información ha puesto de manifiesto un nuevo peligro: demasiada información mata la información. Basta con plantear una pregunta en internet para recibir inmediatamente cien mil respuestas. ¿Cómo saber cuál de ellas es la más digna de confianza y la más clarificadora? ¿Es preferible una enciclopedia redactada libremente por los usuarios (la Wikipedia) a la que redactan científicos competentes? Sólo si borramos el límite que separa el querer del saber.

Además el conocimiento no avanza necesariamente por la vía de la ciencia. Para adentrarse en los misterios de la conducta humana puede resultar más esclarecedor leer una buena novela que un estudio sociológico. Algunos pensadores de la Ilustración ya lo sabían, como Vico, que afirmaba que el conocimiento por el mito y la poesía era más adecuado para determinadas materias que el que se apoya en la razón abstracta. Esta heterogeneidad de vías de conocimiento, de la calidad de la información, de las formas de intervención social compromete a su vez las aspiraciones del cientificismo.

El moralismo, en este caso el sometimiento de la búsqueda de la verdad a las necesidades del bien, es mucho más antiguo que la Ilustración y se opone diametralmente a su espíritu, pero le ha sobrevivido muchos años. Podríamos ilustrar esa tenacidad mediante un debate que vuelve a surgir periódicamente en la sociedad francesa desde hace unos quince años y que tiene que ver con la escritura de la historia del siglo xx. El último episodio data de 2005. Un grupo de diputados introdujo una proposición de ley sobre la interpretación que debe darse a la aventura colonial francesa y en especial a la ocupación de Argelia. Un artículo de esa nueva ley dice: «Los programas escolares reconocen en concreto el papel positivo de la presencia francesa en ultramar, muy especialmente en el norte de África». El 23 de febrero de 2005 se votó la ley, que el 29 de noviembre de ese mismo año quedó ratificada al recibir el voto favorable de la mayoría de los diputados. Es decir, se sometió a voto una interpretación del pasado, que en adelante adquiere categoría de ley. Todo el que se oponga puede ser condenado. Como sucedía en el siglo XVII con la Iglesia, que prohibía a Galileo buscar libremente la verdad, los diputados franceses del siglo XXI dictan a los historiadores –y a los que se benefician de sus investigaciones, los profesores y los alumnos– el contenido de los estudios. Se han olvidado las advertencias de Hume. La verdad es aquí producto del voto.

Leyendo el texto de esa ley podríamos observar que resulta chocante que se mencione sólo el «papel positivo» de la colonización, púdicamente llamada «presencia francesa en ultramar». Invadir un país extranjero con falaces pretextos, mantener a su población en inferioridad legal, despreciando los principios republicanos que en esos momentos la metrópolis hacía suyos, reprimir el deseo de independencia mediante masacres y torturas son hechos establecidos desde hace tiempo a los que, sin un punto de vista etnocentrista y nacionalista, resulta difícil ver el lado positivo. Pero lo que quizá resulta más lamentable todavía es que medio siglo después del fin de las colonias se reduzca la complejidad de la historia a adjetivos de juicio estrictamente moral como «positivo» y «negativo», que imponen una visión «optimista» o «pesimista». Tal simplificación maniquea no puede sino traicionar las vivencias de millones de personas durante más de un siglo. El estudio de la historia nunca puede abstraerse totalmente de los valores que impregnan la existencia humana, pero no se reduce a este tipo de etiquetas lapidarias. Para avanzar en su conocimiento, para reunir la mayor cantidad de datos y formular interpretaciones ajustadas, el historiador no debe decidir por anticipado la «moralidad» a la que debe llegar. La historia tiene muy pocas páginas escritas en blanco y negro.

Lo especialmente inquietante para cualquiera que aprecie el espíritu de la Ilustración es sin duda el hecho en sí de que el Parlamento someta a voto la interpretación de la historia, como si bastara la mayoría política para proclamar que una propuesta es verdad; como si el voto, en lugar de proteger una afirmación, no la hiciera más vulnerable (otra mayoría podría rechazarla). Voltaire decía que las sectas desaparecen ante la ciencia; ante la verdad, los partidos se callan. Porque los que están mejor armados para buscar la verdad no son los representantes del pueblo. La verdad no es una cuestión de voluntad. ¿En qué sentido la elección de un diputado le hace competente para juzgar la historia? ¿Es ése el papel de un parlamento: decidir qué interpretación hay que dar a los acontecimientos del pasado o incluso qué hechos lo conforman? El mero hecho de que sea preciso plantear estas preguntas da la medida del escándalo anacrónico que supone haber votado esa ley.

Aunque debemos admitir que la de los diputados franceses no fue una mera opción desafortunada. Unos años antes habían decidido que Turquía era culpable del genocidio armenio y que la esclavitud había sido un crimen contra la humanidad. Y todavía antes habían votado una ley, al parecer la primera de este tipo, que castigaba toda negación del genocidio de los judíos durante la Segunda Guerra Mundial. Los acontecimientos en cuestión se prestan menos a la controversia que la colonización del Magreb, pero el tema de fondo es el mismo. El poder público no tiene derecho a decidir dónde reside la verdad, como decía Condorcet. El Parlamento francés parece haber olvidado este principio fundamental. Pero retirar una hipótesis del ámbito de la investigación para incluirla en un catecismo y acompañarla de sanciones penales no sólo no la consolida, sino que la denigra. La verdad no puede dictar el bien, pero tampoco puede estar sometida a él. Tanto el cientificismo como el moralismo son ajenos al verdadero espíritu de la Ilustración. Hay un tercer peligro: que la propia noción de verdad se considere no pertinente. En un estudio sobre la novela *1984* el filósofo Leszek Kolakowski elogia a Orwell por haber sabido ver la importancia que adquiere en los regímenes totalitarios cuestionar la verdad. No se trata sólo de que los políticos recurran de vez en cuando a la mentira, cosa que hacen en todas partes. Se trata más bien de que la propia distinción entre verdad y mentira, entre verdad y ficción pasa a ser superflua ante las exigencias estrictamente pragmáticas de utilidad y de conveniencia. Por eso en este tipo de regímenes la ciencia ya no es invulnerable a los ataques ideológicos, y el concepto de información objetiva pierde su sentido. Se reescribe la historia en función de las necesidades del momento, pero también pueden negarse los descubrimientos de la biología y de la física si se juzgan inapropiados. «Es el gran triunfo cognitivo del totalitarismo: ya no se le puede acusar de que mienta, porque ha conseguido abrogar la propia idea de verdad»,[49] concluye Kolakowski. En este caso quienes detentan el poder se libran definitivamente de la impertinente verdad.

Podríamos creer que este peligro amenaza sólo a los países totalitarios, no a las democracias, pero varios episodios recientes de la vida pública en Estados Unidos ponen de manifiesto que la verdad es frágil.

El primer episodio de esta naturaleza es la decisión de enseñar en determinadas escuelas la teoría de la evolución darwinista y el mito bíblico de la creación (o el «diseño inteligente», como se le llama hoy en día) como dos «hipótesis» igualmente dignas de respeto. En un país en el que, como dicen las encuestas, el setenta y tres por ciento de la población cree en la vida después de la muerte y el treinta y nueve por ciento cree que Dios dictó personalmente la Biblia y que hay que tomarla al pie de la letra,[50] no es sorprendente que muchos prefieran la versión bíblica a la de la biología. Pero cada uno de ellos sólo se atañe a sí mismo, por lo que su opinión sólo vale en el ámbito personal, que el espíritu de la Constitución estadounidense respeta.

Por el contrario, la decisión sobre el programa de estudios en una u otra escuela atañe a la comunidad local, y es ésta la que se niega a aceptar diferencias cualitativas entre el discurso de la ciencia y el de la ficción, entre *logos* y *mythos*. No obstante, quienes han tomado esta decisión son prudentes y no extraen todas las conclusiones que se imponen en este caso. No modifican los cuidados médicos que se dispensan en los hospitales, por ejemplo, pese a estar fundamentados en la misma biología que cuestiona la «teoría» creacionista.

El segundo ejemplo de cambio en el estatus de la verdad, que parece no guardar relación alguna con el anterior, nos lo proporciona un acontecimiento político reciente: la justificación de la guerra contra Irak por las supuestas armas de destrucción masiva con que contaba el país. Sabemos que esas armas resultaron ser inexistentes, pero el problema no es ése. Habrían podido tenerlas. No obstante, varios elementos de este episodio siguen siendo inquietantes. Nos hemos enterado de que los hombres de Estado hicieron cuanto estuvo en su mano para convencer a la población estadounidense de la presencia de esas armas, que les ofrecieron pruebas que sabían que eran dudosas y que intentaron minar la reputación de quienes las aportaban en sentido contrario. En otras palabras, esos hombres de Estado sabían que lo que afirmaban no era verdad, pero aun así lo presentaban como tal, porque creían –sin duda– que esa información sería útil para su país. Por lo demás, este desprecio de la verdad quedó confirmado por uno de sus responsables, Paul Wolfowitz, que dijo que se había elegido el argumento de las armas de destrucción masiva porque era el que podía conseguir más fácilmente el apoyo de la mayoría. Wolfowitz ni se molestó en mencionar la cuestión de la verdad del argumento, ya que no la consideraba pertinente, como tampoco lo era antaño para los ideólogos totalitarios.

La mentira oficial corriente, como cuando un político finge no engañar a su mujer, es un homenaje encubierto a la verdad, ya que se hace lo posible por simularla. Pero este ejemplo, el de la indiferencia por la veracidad de una información, es exactamente lo contrario. Y es tanto más inquietante cuanto que no se trata de un caso aislado. Otras tantas tomas de posición ponen de manifiesto esta modificación del estatus de la verdad, como la afirmación de que el campo de prisioneros de Guantánamo cumple los acuerdos internacionales sobre prisioneros de guerra, o la de que Irak avanza día a día hacia la paz y la democracia. O por citar un hecho de un ámbito totalmente diferente: hace poco nos hemos enterado de que la administración federal estadounidense había modificado deliberadamente los datos de varios informes científicos sobre el calentamiento global del planeta porque dichos informes no iban en la dirección deseada, es decir, la de rechazar el protocolo de Kyoto. Pero si tocamos el estatus de la verdad, ya no vivimos en una democracia liberal. ¿Cómo explicarse tal atentado contra sus fundamentos? Parte de esos enunciados liberados de toda relación con la verdad se han convertido en aceptables porque se pronunciaron en situación de crisis y exigían el consenso nacional, y por lo tanto suspender la valoración crítica de aquellos cuyo oficio consiste en ofrecer información fiable, es decir, los periodistas. Esta crisis se mantiene desde el 11 de septiembre de 2001. El aumento del espíritu patriótico y el despertar de los «fantasmas del miedo», en palabras de Condorcet, bastan para descartar la preocupación por la verdad, que sin embargo es constitutiva del espacio democrático.

No sólo en Estados Unidos los gobiernos prefieren la victoria a la verdad, aunque es legítimo elegir este ejemplo en lugar de otro. En estos inicios del siglo XXI Estados Unidos es una potencia militar y política superior a todas las demás. El gran poder engendra grandes peligros, ya que ofrece al que lo posee la impresión de que siempre tiene razón y de que no debe tener en cuenta ninguna otra opinión. Para protegerse del abismo en el que puede sumirlo el vértigo del poder, para evitar que arrastre también al resto del mundo, incluso el país más poderoso debe aceptar que con la verdad no se juega.

6

Humanidad

La autonomía por sí sola no basta para describir cómo la Ilustración concibe el ideal de la conducta humana. Mejor seguir la propia voluntad que una regla externa, pero ¿para ir adónde? No todas las voluntades ni todas las acciones tienen el mismo valor. Pero ya no podemos recurrir al cielo para decidir cuáles son buenas y cuáles malas. Tenemos que atenernos a realidades terrenales. Debemos pasar de la finalidad lejana –Dios– a una finalidad más próxima. El pensamiento de la Ilustración proclama que esa finalidad es la humanidad en sí. Bueno es aquello que sirve para acrecentar el bienestar de los hombres.

Esta afirmación supone más una modificación que un rechazo de la doctrina cristiana, que equiparó los dos amores, el amor a Dios y el amor al prójimo. San Pablo proclama en muchas ocasiones que «el que ama al prójimo ha cumplido la ley». Los pensadores de la Ilustración se dan por satisfechos con uno solo de los términos de esta ecuación. «Basta con que los hombres se atengan al amor cristiano. Poco importa lo que le suceda a la religión cristiana», escribe Lessing en 1777. Lo que se descarta es el marco doctrinal e institucional, no el contenido, que valoraba positivamente. Se trata del mismo espíritu deísta que ilustra Franklin diez años después cuando afirma: «El mejor culto a Dios es hacer el bien a los hombres». El amor a los seres humanos ya no necesita justificación divina. Franklin imagina un acto de hospitalidad y comenta: «Os ofrezco mi casa no *por amor a Cristo*, sino *por amor a vosotros*».[51]

A partir de ahí el ser humano se convierte en el horizonte de nuestra actividad, en el punto focal hacia lo que todo converge. Cuando Diderot se pregunta por el principio que unifica su proyecto enciclopédico, sólo ve uno: el hombre. Lo mismo sucede con el universo que esa *Enciclopedia* pretende asir y representar. «¿Por qué no íbamos a incluir al hombre en nuestra obra tal como está colocado en el universo? ¿Por qué no íbamos a hacer de él el centro común?»[52] Es a la vez un derecho y un deber. El hombre se convierte en el centro de esa obra porque es el centro del mundo, o mejor porque es quien le da sentido. En adelante su existencia deja de ser un simple medio al servicio de un objetivo más elevado: la salvación del alma o el advenimiento de la ciudad de Dios. Debe encontrar la finalidad en sí misma. Rousseau pone este principio en boca de su heroína Julie: «El hombre es un ser demasiado noble para limitarse a servir de instrumento a otros».[53] Este nuevo lugar del hombre, que ahora le opone en tanto que absoluto a las *cosas*, que sólo son relativas, llevará a Kant a su célebre formulación del principio de la moral humanista: «Obra de tal modo que uses la humanidad tanto en tu persona como en la persona de cualquier otro siempre a la vez como fin, nunca meramente como medio».[54] El bienestar humano en la tierra se designa con una palabra: *felicidad*. Su búsqueda pasa a ser legítima y sustituye a la redención. «¡Oh Felicidad! ¡Fin y objetivo de nuestro ser!», exclama Alexander Pope en su *Ensayo sobre el hombre*.[55] Lo que llama la atención al leer obras europeas de esta época, aunque difieran en función del género literario, el país de origen y las ideas de los autores, es que presentan un mundo natural en el que los seres humanos se enfrentan a fuerzas hostiles exclusivamente humanas e intentan alcanzar su completo desarrollo en su existencia terrenal. El mejor ciudadano es el que «contribuye a la felicidad del mundo», afirma Voltaire.[56] Tratados filosóficos, novelas, poemas y obras de teatro dan cuenta de las dificultades de un mundo exclusivamente humano. Los cuadros de los pintores representan el encanto de la vida campestre, la diversión de la vida privada, la felicidad campesina, la alegría doméstica, los placeres y los gozos de los hombres.

¿Dónde hay que buscar las claves de la felicidad? La mayoría de filósofos y escritores no se limita a apoyar las reformas sociales, sino que da importancia a las experiencias individuales. Y entre ellas el primer lugar lo ocupa el cariño que une a cada cual con los seres que lo rodean. «Si eliminas el amor y la amistad, ¿qué queda en el mundo que merezca la pena aceptar», escribe Hume.[57] Una buena vida es un vida rica en amor. Lo que cuenta no es la cantidad. Hume imagina al rey Salomón, rodeado de sus setecientas mujeres y sus trescientas concubinas, como a alguien profundamente infeliz. Una única mujer o una sola amante y varios amigos escogidos le habrían permitido vivir mucho mejor su humanidad en toda su plenitud. Rousseau abunda en el mismo sentido: «No concibo que aquel que no ama nada pueda ser feliz». Así pues, la felicidad es accesible para todos. Basta con amar y ser amado. Pero precisamente por eso es frágil. Necesitamos el cariño de los demás para vivir, pero nada puede garantizar su permanencia. Cuanto más rico en cariño es un hombre, más vulnerable resulta. «Cuanto más aumenta sus afectos, más multiplica sus dolores.»[58] En esto consiste la naturaleza de la felicidad humana, y no existe manera de garantizarla.

Hacia finales del siglo XVIII se pretenderá erigir la felicidad en objetivo no sólo de la existencia individual, sino también del gobierno y del Estado. La «búsqueda de la felicidad» figurará en la Declaración de Independencia de Estados Unidos. En Francia, Lavoisier, famoso químico y a la vez político, escribe en un discurso de 1787: «El verdadero objetivo de un gobierno debe ser aumentar la cantidad de gozo, la cantidad de felicidad y el bienestar de todos los individuos». Dos años después pronuncia estas palabras en los Estados Generales: «El objetivo de toda institución social es hacer lo más felices posible a quienes viven bajo sus leyes. La felicidad no debe estar reservada a una pequeña cantidad de hombres, sino que pertenece a todos».[59] La Revolución, de la que Lavoisier será víctima, pondrá en evidencia que es poco recomendable dejar la totalidad de la existencia humana al cuidado del gobierno. Sin embargo, se mantiene el principio según el cual las instituciones sociales de un país deben estar al servicio de los hombres y de las mujeres que viven en él.

Desde esa época la situación ha vuelto a cambiar. Los regímenes totalitarios del siglo xx nos han mostrado por extenso en qué medida era peligroso confiar en el Estado la responsabilidad de la felicidad individual. Sin embargo, la victoria final de las democracias ha tenido un efecto sorprendente: partiendo de la base de que este régimen político no pretende representar el bien soberano, dejamos de poner las esperanzas de felicidad terrenal y de realizarnos personalmente en una estructura política, sea cual sea. Como la democracia ha vencido, ya no suscita pasiones. La autonomía individual ha salido reforzada de estas pruebas, y en adelante sólo pedimos al Estado que elimine los obstáculos a la felicidad de los individuos, no que la garantice. El Estado ya no es portador de esperanza, sino simplemente el que suministra los servicios. Aunque los hombres no disponen de un marco religioso común, aunque no creen que una revolución pueda proporcionar la felicidad a todo el mundo, no por eso renuncian al deseo de hacer su vida más bonita y darle más sentido, pero ahora avanzan por caminos que han elegido de forma individual.

Este cambio de perspectiva en la finalidad de nuestros actos, ese paso de lo divino a lo humano ha sido tan radical, que sólo puede compararse con el giro copernicano, que colocó el Sol en el lugar de la Tierra, con la salvedad de que en este caso en lugar de alejarse del centro, el hombre se acerca a él. Como cabía esperar, este cambio ha provocado el vehemente rechazo de los defensores de la jerarquía anterior, desde Bonald hasta Juan Pablo II. Estos adversarios temen que si Dios no es referencia común, corramos el riesgo de que la sociedad se derrumbe. Si Dios ha muerto, todo está permitido. Para que reine el orden, los derechos de Dios deben sustituir a los del hombre. Por su parte, la ideología totalitaria rechaza el humanismo de la Ilustración. El objetivo de la sociedad ya no es «la felicidad de todos los individuos», sino una abstracción, el pueblo regenerado, el Estado comunista, el brillante porvenir.

Los desvíos del espíritu humanista de la Ilustración adquieren formas todavía más variadas, que están ya presentes desde el siglo XVIII. De nuevo es Sade el que proporciona las formulaciones más extremas. Partiendo del principio de que el hombre es un fin legítimo de su actividad, procede a una doble reducción: en primer lugar, la felicidad se reduce básicamente al placer sexual; acto seguido, la humanidad se reduce al individuo aislado, al sujeto que desea. «Ningún límite a tus placeres más que los de tus fuerzas o tus voluntades.»[60] Nada limita pues la autonomía individual, que aspira sólo a la intensidad de la experiencia en el momento en que tiene lugar. El mundo se reduce al aquí y al ahora. Aunque de forma menos exagerada, muchos libertinos de la época comparten este razonamiento. Rousseau, por el contrario, se opone frontalmente a él. De entrada porque no puede imaginar que una sociedad pueda prescindir de regular las fuerzas y las voluntades de sus miembros. «Enséñame pues ante qué delito se detiene aquel que no tiene más leyes que los deseos de su corazón, y que no sabe resistir a nada de cuanto desea.» Sobre todo Rousseau sabe que la autosuficiencia del individuo es una impostura. «Todos se darán cuenta de que su felicidad no está en ellos, sino que depende de todo lo que les rodea.»[61] El defecto de las doctrinas sensualistas y egocéntricas no es que sean inmorales, sino que son falsas. Es cierto que las sociedades occidentales suelen dar la impresión de parecerse a las caricaturas que de ellas dibujan sus adversarios religiosos de Occidente o de Oriente: sus miembros parecen preocuparse únicamente por los logros materiales, el dinero y los placeres que éste puede comprar. Pero para lamentar esta actitud no es preciso invocar a Dios. Basta con recordar en qué medida las necesidades humanas son de hecho diversas y múltiples.

En este caso el espíritu de la Ilustración consiste en reducir la distancia entre la acción y el objetivo de la acción, que baja del cielo a la tierra y se encarna en la humanidad, no en Dios, aunque la acción en sí es humana y terrenal. El desvío de este espíritu lleva a librarse no sólo de la finalidad divina, sino también de toda finalidad, sea cual sea, y a no cultivar más que el movimiento por el movimiento, la fuerza por la fuerza, la voluntad por la voluntad. Desde muchos puntos de vista nuestro tiempo ha pasado a ser el del olvido de los fines y el de la sacralización de los medios. El ejemplo más claro de esta radicalización nos lo ofrece quizá el desarrollo de la ciencia. No se incentivará y se financiará el trabajo científico porque sirva directa o indirectamente a finalidades específicamente humanas –la felicidad, la emancipación o la paz–, sino porque prueba el virtuosismo del estudioso. Todo parece indicar que si algo es posible, debe convertirse en real. ¿Por qué si no ir a Marte? Y la economía sigue también este mismo principio: el desarrollo por el desarrollo y el crecimiento por el crecimiento. ¿Deben limitarse las instancias políticas a ratificar esta estrategia? Desde hace ya varias décadas ha tenido resultados discutibles en los países del Tercer Mundo, y desde hace unos años esas consecuencias se dejan sentir también en los países industrializados de Occidente. ¿Tenemos que aceptar el triunfo del capitalismo económico con todas sus consecuencias, la globalización y los desplazamientos, porque nos benefician o porque ésa es la tendencia enloquecida que se sigue en estos momentos?

Tal desaparición de toda finalidad externa parece a veces golpear la vida política de las democracias liberales, y empezamos a dudar: ¿los hombres (y las mujeres) optan por la carrera política para situar el poder al servicio de determinados ideales, o sólo aspiran al poder en sí y su único horizonte es conservarlo cuanto más tiempo mejor? El dilema es antiguo, por supuesto, pero en nuestros países se ha convertido en especialmente grave. Un reciente episodio de la vida política francesa nos ofrece un ejemplo de este desvío: el referéndum sobre la Constitución europea, celebrado el 29 de mayo de 2005. No cabe duda de que las posiciones que asumieron los dirigentes de ambos bandos, tanto el del «sí» como el del «no», no eran tan evidentes. El propio hecho de que el jefe del Estado francés decidiera convocar un referéndum tenía algo de sorprendente. Jacques Chirac sabía que su partido había perdido los dos comicios anteriores y que se arriesgaba a que lo derrotaran de nuevo. Sabía también que podía contar con el voto de los parlamentarios, vía totalmente aceptable para aprobar un texto, ya que todos los partidos con representación parlamentaria eran favorables al proyecto de Constitución, que se habría aprobado con un noventa por ciento de votos a favor. Pero el presidente francés prefirió asumir el riesgo de que lo derrotaran. ¿Por qué? Todo parece indicar que se trató de un gesto exclusivamente táctico: someter la consulta a referéndum le permitía dividir al electorado de izquierdas y debilitarlo con miras a las siguientes elecciones presidenciales, las de 2007. El presidente Chirac sacrificó la Constitución europea, de la que probablemente es sincero partidario, en beneficio de su ambición personal, de su deseo de asegurarse de que el poder se quedara en sus manos o en la de sus seguidores.

Frente a él, Laurent Fabius, miembro del partido socialista en desacuerdo con la dirección de su partido y único personaje político importante que hizo campaña por el no, no actuó de forma diferente. Famoso hasta entonces por su apoyo al europeísmo, sorprendió lanzándose a hacer campaña por el no, lo que dio la impresión de que tampoco él lograba desviar la mirada de las elecciones presidenciales de 2007. Desde este punto de vista, su primer objetivo era imponerse como el candidato ineludible de toda la izquierda. Para ello tenía que hacerse con la mayor cantidad de votos posible, sobre todo a la izquierda de su partido. Por esta razón, aunque probablemente le interesaba la construcción europea, decidió favorecer el no («de izquierdas»). Al parecer, tanto Chirac como Fabius actuaron con miras a conquistar el poder en lugar de ponerlo al servicio de una idea más elevada.

La tendencia a acercar progresivamente un objetivo a lo que debería ser el medio para conseguirlo, es decir, a convertir el medio en fin, empieza a apuntarse desde el siglo XVIII, pero curiosamente se limita al ámbito del arte, en concreto a la pintura. Es cierto que el pensamiento que refleja la pintura con su manera de representar el mundo parece siempre anticiparse en un siglo o más al que se expresa mediante el discurso. El interés por analizar al individuo por su propia singularidad, independientemente de las cualidades que pudiera poseer, se consolida en el siglo xvi con Montaigne y sus contemporáneos, pero entra en la pintura desde mediados del siglo xv con los retratos y autorretratos de los pintores flamencos y posteriormente de los italianos. El discurso oficial en los países protestantes alaba las virtudes domésticas como medio de conformarse a los designios divinos en el siglo xvii. Los cuadros de los pintores holandeses de esa misma época muestran la sublimación de lo humano sin necesidad de remitir a realidad superior alguna; magnifican el gesto de la madre inclinada sobre su hijo con ojos inquietos cuando está enfermo.

En el siglo xviii la interpretación de la pintura cambia de naturaleza: descubrimos no el elogio de Dios, ni siquiera del hombre, sino del arte. Los frescos de Miguel Ángel en la Capilla Sixtina, aun pintados con un espíritu impregnado de religiosidad, hacen que el pintor inglés Reynolds se haga «una idea de la dignidad del arte» cuando los admira. En adelante el objetivo del arte será encarnar la belleza, no la virtud. Ante esos mismos frescos Goethe sólo tiene ojos para el trabajo del artista y deja de lado el mensaje doctrinal: «Hay que haber visto la Capilla Sixtina para hacerse una idea concreta del poder de un hombre».[62] Los propios artistas pintan cuadros cuya justificación parece ser ante todo captar la identidad secreta de lo que muestran, es decir, producir belleza, como los soñadores de Watteau y las naturalezas muertas de Chardin, los paisajes de Gainsborough y los retratos imaginarios de Fragonard.

Al hacerlo, tanto los pintores como el público de sus cuadros se limitan a poner en evidencia una dimensión de la pintura que estaba presente desde siempre, pero que había sido silenciada durante los siglos anteriores, a saber, el arte de la pintura en sí. Este descubrimiento lleva a veces a lo que llamamos «el arte por el arte». Pero evolucione el arte como evolucione, la política y la economía no deben obedecer las mismas exigencias. Podemos admirar el estilo del político o la habilidad del empresario, pero aun así debemos juzgar tanto al uno como al otro por los resultados de su actividad. El arte consciente de las leyes que le son propias no se opone al espíritu de la Ilustración. Por el contrario, cuando la ciencia o la política permiten que se debiliten las finalidades humanas de las actividades que les atañen, ponen en peligro ese espíritu y las ventajas que esperamos de ellas.

7

Universalidad

La libertad de actuar está limitada por la finalidad necesariamente humana de las acciones, pero también por la toma de conciencia de lo siguiente: todos los hombres pertenecen a la misma especie y en consecuencia tienen derecho a la misma dignidad. Esta exigencia adquiere un sentido diferente si pensamos en los ciudadanos de un país o en los habitantes de todo el mundo.

Cuando Rousseau observa la sociedad que le rodea, no encuentra en ella ni igualdad de derechos ni igualdad de facto, lo que le lleva a escribir su primera reflexión general sobre la condición humana, el *Discurso sobre el origen y los fundamentos de la desigualdad entre los hombres*, que concluye con esta dura afirmación: «Va manifiestamente contra la ley de la naturaleza [...] que un puñado de gentes rebose de superfluidades mientras la multitud hambrienta carece de lo necesario». Sólo para poder imaginar que las riquezas empiecen a distribuirse es preciso situarse en el ámbito de un Estado justo, que no es el caso de los países en los que Rousseau ha vivido. Por eso se decide a reflexionar sobre cómo debería organizarse un Estado de este tipo, y en *Del contrato social* llega a exigir la rigurosa igualdad ante la ley. «El pacto social establece entre los ciudadanos tal igualdad que todos ellos se comprometen bajo las mismas condiciones, y todos ellos deben gozar de los mismos derechos.»[63] La voluntad que gobierna el país sólo es verdaderamente general si no excluye voz alguna.

La Francia de mediados del siglo XVIII está lejos de satisfacer esta exigencia. La población se encuentra dividida en castas que no gozan de los mismos privilegios, las mujeres no tienen los mismos derechos que los hombres y los esclavos no los tienen en absoluto. Rousseau ha establecido un principio, pero se necesitará tiempo para que llegue a cumplirse. La idea de la igualdad de los ciudadanos se adoptará parcialmente en 1789, y de forma más completa en 1848. Este mismo año se abolirá la esclavitud. Las mujeres no conseguirán el derecho al voto hasta 1944. Por lo demás, esta igualdad ante la ley no basta para acabar con todas las discriminaciones, y la exigencia de igualdad sigue de actualidad incluso en nuestros días. Nuestras luchas siguen inspirándose en el programa de la Ilustración, son prolongaciones de las que se emprendieron hace dos o tres siglos. Daniel Defoe afirmaba ya que la inferioridad de las mujeres se debía únicamente a su imposibilidad de acceder a la educación. Helvétius estaba convencido de que las mujeres eran por naturaleza iguales que los hombres. Condorcet pedía que los niños y las niñas cursaran los mismos estudios, en los mismos centros, que los formaran los mismos profesores, tanto hombres como mujeres, y que la ley no prohibiera el acceso de las mujeres a ninguna carrera.

Los pensadores de la Ilustración condenan la esclavitud aun cuando no se comprometan a luchar eficazmente contra ella. «La esclavitud es tan opuesta al derecho civil como al derecho natural», afirma Montesquieu. Rousseau barre de un plumazo todas las justificaciones que suelen darse para mantener esta práctica: «Estas palabras, *esclavitud* y *derecho*, son contradictorias: se excluyen mutuamente». Condorcet da inicio a sus *Réflexions sur l'esclavage des Nègres* (que firma con el pseudónimo «M. Schwartz») con estas palabras: «Reducir a un hombre a la esclavitud, comprarlo, venderlo, mantenerlo como esclavo son auténticos crímenes, y crímenes peores que robar».[64] Durante la Revolución francesa Olympe de Gouges se propone emprender una doble lucha –por la abolición de la esclavitud y por la igualdad de derechos de la mujer– y para ello escribe una obra de teatro, *L'Esclavage des Nègres*, y lanza la Declaración de los derechos de la mujer y de la ciudadana. Acabarán concediéndole el derecho a la guillotina...

Más allá de las fronteras de Francia la universalidad adopta otro sentido. Todos los habitantes de un país deberían ser ciudadanos del mismo. De entrada, todos los habitantes del mundo son seres humanos. Lo que los hombres tienen en común es mucho más importante que lo que les diferencia. «Soy necesariamente hombre, y francés sólo por casualidad», afirma Montesquieu. Los que se sienten impregnados del espíritu de la Ilustración aman más su pertenencia al género humano que a su país. El 22 de febrero de 1768 Diderot escribe a David Hume: «Mi querido David, es usted de todos los países y jamás pedirá al desgraciado su partida de bautismo. Presumo de ser, como usted, ciudadano de la gran ciudad del mundo».[65] La universalidad no sólo es responsable de la imagen que podemos hacernos de nosotros mismos. En este mundo, donde el bien y el mal ya no pueden fundamentarse en la palabra de Dios ni en las enseñanzas de la tradición, proporciona una posible legitimación. El consenso de la humanidad legitima la elección del bien. «¿A qué llamáis justo e injusto?», pregunta Voltaire en uno de sus *Dialogues philosophiques*. Y responde: «A lo que se lo parece al universo entero». También Rousseau interpreta lo justo y lo injusto como efecto del altruismo y del egoísmo. «Cuanto menos nos afecta a nosotros mismos el objeto de nuestros cuidados, menos es de temer la ilusión del interés particular; cuanto más se generaliza este interés, más equitativo se hace, y el amor al género humano no es otra cosa en nosotros que amor a la justicia.»[66] La generalización crea el criterio de justicia. Sabemos que en esa línea formulará Kant su imperativo categórico: una acción es buena si se corresponde a una máxima que puede universalizarse.

Así pues, la universalidad está en el origen de los derechos de los ciudadanos y de la moral de los hombres. ¿Poseen éstos más derechos de los que se seguirían de su simple calidad de seres humanos? Eso piensan algunos autores vinculados a la escuela del derecho natural moderno, que buscan el origen de esos derechos no en el orden cósmico ni en la palabra de Dios, sino en el hecho mismo de que todos pertenecemos a la misma especie y estamos provistos de la misma dignidad. A mediados del siglo XVIII uno de los más influyentes de esos autores, Christian Wolff, escribe que existe un Derecho universal, «el que corresponde a cada hombre en cuanto hombre».[67] Es del todo evidente que esos derechos naturales no gozan del mismo estatus que aquellos de los que disfrutamos en cuanto ciudadanos, ya que si no se cuenta con un Estado provisto de aparato de justicia, nada garantiza que podamos disfrutarlos. En este sentido los derechos universales están cerca de los principios morales, que no coartan y se consideran deseables. Pero nada impide a un Estado asumir los derechos llamados del hombre e incluirlos en su constitución. A partir de ese momento, además de gozar del reconocimiento universal, adquieren la categoría de ley en el país. Así sucede en el caso de las Declaraciones de derechos de los Estados americanos desde 1776 y la Declaración de los derechos del hombre y del ciudadano en Francia, en 1789.

En la actualidad los derechos del hombre gozan de enorme prestigio y casi todos los gobiernos querrían presentarse como sus defensores. Eso no impide a esos gobiernos, incluso los más elocuentes cuando los reivindican, rechazarlos en la práctica cuando las circunstancias parecen exigirlo. Tal es el caso, por ejemplo, de la pena de muerte. Beccaria es el que mejor expresa, en su tratado *De los delitos y de las penas*, el pensamiento de la Ilustración sobre este tema. Todo ser humano tiene derecho a la vida en cuanto miembro de la especie, no porque sea ciudadano de determinado país, y ese derecho es inalienable. Renuncio a mi libertad natural para gozar de libertad (y de protección) civil, pero jamás he otorgado a la comunidad, ni explícita ni tácitamente, el derecho sobre mi vida y mi muerte. ¿Qué podría justificar esa supresión total de la voluntad individual en favor de la voluntad colectiva? No se trata de la necesidad de impedir que el delincuente haga daño, ya que para matarlo es preciso haberlo detenido previamente, de modo que está ya en prisión. ¿Para expiar su delito? Ese castigo sólo tendría sentido si creyéramos que hay algún tipo de vida después de la muerte. El severo castigo permitiría que el ejecutado se planteara en el más allá la gravedad de su delito; pero si no va a parar al más allá, la lección se pierde necesariamente.

Suele recurrirse a otra justificación: el valor disuasivo que para los supervivientes tiene el castigo supremo, el castigo ejemplar. Sin embargo, ninguna observación ha podido confirmar jamás que este efecto funcione, y el país occidental que sigue practicando la pena de muerte, Estados Unidos, es también el que posee el índice de delincuencia más elevado. Beccaria duda que ese efecto sea posible, ya que la pena de muerte, en lugar de oponerse al asesinato que se supone debería castigar, lo imita. «El espíritu feroz que guiaba la mano del legislador guiaba también la del parricidio y el asesinato.» Piensa también que esta pena se arriesga a provocar imitaciones. «La pena de muerte es nociva porque da ejemplo de crueldad.» Es cierto que en tiempos de guerra todo gobierno autoriza e incluso anima a los súbditos a matar a la mayor cantidad posible de enemigos. Pero se declara la guerra precisamente porque no se ha podido llegar a ningún otro tipo de negociación. El resto del tiempo los ciudadanos de un país viven según la ley, así que imitar la acción militar en el ámbito legal supone poner en peligro la propia idea de ley. «Me parece absurdo que las leyes, que son expresión de la voluntad general, que condenan y castigan el homicidio, lo cometan ellas mismas, y para disuadir a los ciudadanos de que cometan asesinato ordenen el asesinato público.»[68]

Otra transgresión de los derechos del hombre que los gobiernos ponen en práctica de vez en cuando es la tortura. Todo ser humano tiene derecho a la integridad física; sólo él puede renunciar a ella mutilándose o suicidándose. Así pues, como en el caso del homicidio, tampoco la tortura puede ser legal. Los gobiernos la practican no por sadismo, sino para obtener información que consideran indispensable. Beccaria escribe que querrían «que el dolor se convirtiera en crisol de la verdad».[69] Esto tiene un elevado coste, dado que para conseguir esas confesiones de dudoso valor (podría confesarse cualquier cosa para detener el dolor) no sólo se inflige un sufrimiento intolerable al torturado, que quedará marcado de por vida, sino que además se destruye interiormente al torturador, que pierde el sentido de comunidad humana universal, y se envía a toda la población el mensaje de que está permitido transgredir los límites que impone la ley.

El ejército francés practicó sistemáticamente la tortura durante la guerra de Argelia, en especial a partir de 1957, cuando le confiaron funciones propias de la policía con el argumento de que en una guerra civil como aquélla el enemigo era invisible, así que era preciso conseguir información para identificarlo. A menudo se añadían también justificaciones del tipo «Dentro de una hora va a estallar una bomba», caso que en realidad era excepcional, mientras que se torturaba a miles de personas y seguía haciéndose mucho después de la hora en que presuntamente iba a tener lugar el atentado. Germaine Tillion, que por aquel entonces intentaba evitar estas prácticas, escribió al arzobispo de París (el 7 de diciembre de 1957): «En el transcurso de los últimos seis meses se ha torturado a muchas chicas musulmanas y cristianas con razones insignificantes o sin ellas: se las ha sometido desnudas a la tortura de la bañera, a la de la electricidad, en ocasiones se les han colocado electrodos en los órganos genitales, con las manos atadas por detrás y colgadas de las muñecas, que es una tortura comparable a la de la cruz, ya que provoca la asfixia».[70]

De esta misma forma murió también en noviembre de 2003 el prisionero iraquí Manadel al-Jamadi, al que agentes de la CIA torturaron en la cárcel Abu Ghraib de Bagdad. Tras romperle seis costillas y cubrirle la cabeza con una bolsa de plástico, lo esposaron con los brazos por detrás de la espalda y lo colgaron de las muñecas. Todavía no hacía una hora que había llegado a la cárcel cuando murió asfixiado. Algunos sobreviven a la suspensión, como Jean Améry, prisionero de la Gestapo en Bélgica durante la Segunda Guerra Mundial, que ha relatado detalladamente su experiencia en *Más allá de la culpa y la expiación*. Otros ex detenidos que han salido de Guantánamo cuentan que los golpearon, los metieron desnudos en una jaula, les obligaron a tragar medicamentos y a ver películas pornográficas, y les amenazaban con perros, vaga reminiscencia de las ratas que rozan la cara de los prisioneros en *1984*.

Probablemente los servicios secretos estadounidenses no son los únicos que someten a tortura a los prisioneros, pero el gobierno de este país sí ha tomado una postura excepcional, ya que ha intentado legalizarla. Tras los atentados del 11 de septiembre de 2001 el vicepresidente Cheney prometió utilizar todos los medios a su disposición para luchar contra el terrorismo. En un informe del Departamento de Justicia del 1 de agosto de 2002 se enumeran algunos de esos medios: asfixiar a los individuos sin provocarles la muerte, sumergirlos en agua, privarles de medicamentos si están heridos, impedirles dormir, ensordecerlos y cegarlos. A menudo se trata de torturas más psicológicas que físicas, que consiguen volver casi locos a los detenidos y les dejan traumas imborrables. El gobierno estadounidense se niega sistemáticamente a tratar a los terroristas según dicta la Convención de Ginebra respecto de los prisioneros de guerra. Un senador estadounidense, John McCain, antiguo prisionero que sufrió torturas en Vietnam, entregó un proyecto de ley para imponer que las cárceles de la CIA siguieran el mismo reglamento que las demás cárceles estadounidenses, es decir, para ilegalizar la tortura. La Casa Blanca luchó enérgicamente contra dicho proyecto, que al final el Senado aprobó. Años después de los atentados terroristas y de las intervenciones militares se sigue torturando. Lo que resulta chocante en este caso es que la tortura no sólo se tolera, sino que incluso se reivindica en nombre de la lucha por la seguridad interna y por los derechos del hombre, los mismos derechos que desprecia.

Así pues, la pena de muerte y la tortura suponen rechazar la universalidad que defiende la Ilustración. Los desvíos de que es objeto consisten en romper el equilibrio entre universal y particular, entre unificación y tolerancia. La Ilustración pide ambas, lo que permite suponer que la frontera que las separa no puede fijarse definitivamente. Si cualquier medio es bueno para imponer la unidad, la libertad personal está amenazada. Si los derechos del hombre son la única referencia incontestable en el ámbito público y se convierten en baremo de la ortodoxia de los discursos y de los actos, entramos en el ámbito de lo «políticamente correcto» y del linchamiento mediático, versión democrática de la caza de brujas, una especie de demagogia virtuosa que tiene por efecto reprimir todo discurso que se desmarca. El chantaje moral como telón de fondo de todos los debates es nefasto para la vida democrática. Supone que el bien domina excesivamente sobre la verdad, y da de golpe apariencia de mentira a todo lo que se reclama a gritos producto del bien, y apariencia de verdad a todo lo que se opone al discurso dominante. Por eso en Francia avanzan las tesis de la extrema derecha, que alardea de ser la única que se atreve a «decir la verdad», cuando lo único que hace es afirmar lo contrario de lo políticamente correcto. Así adquiere derecho de ciudadanía lo que podríamos llamar «políticamente abyecto».

No debemos confundir el derecho con la moral, ni llevar ante un tribunal a los autores de discursos que no nos gustan. Según Beccaria: «La labor de los jueces es hacer que se respeten no los sentimientos de los hombres, sino los muchos pactos que los unen».[71] Por esta misma razón la justicia internacional no debe aspirar al papel de moral universal, sino apoyarse en pactos y contratos que existan realmente, como los que unen entre sí a los países miembros de la Unión Europea. Un derecho que no garantiza el empleo de la fuerza, con el acuerdo de todas las partes contratantes, pone en peligro la propia idea de derecho.

Eso quiere decir que no está justificado que un país emplee la violencia para restaurar la legalidad o los derechos humanos en un país vecino, lo que hoy en día se llama algunas veces derecho de injerencia. El empleo del término «derecho» en esta expresión es de lo más singular. ¿De dónde podría proceder ese derecho que me otorgo a mí mismo de regular los asuntos de otros que jamás me han dado su consentimiento? Si a todos los habitantes de la Tierra nos une la solidaridad, en caso de necesidad tenemos el deber de prestar ayuda, no el «derecho» a invadir militarmente un país en el que la gente sufre. En este caso el problema es que el medio que se emplea anula el fin que se buscaba, como en el caso de la tortura que practica la CIA. Esta posible desviación obliga a trazar un claro límite entre proponer e imponer, influir y forzar, paz y guerra. Los primeros términos no anulan nuestra compasión ante el sufrimiento de los demás, pero los segundos sí.

Pierre Bayle, precursor inmediato de la Ilustración, protestante que tuvo que huir de la persecución católica, supo encontrar las palabras justas para alertar a todos aquellos que pudieran sentir la tentación de emplear la fuerza para imponer el bien. Pero en su caso los que definen qué es el bien son los católicos, que quieren salvar el alma de los protestantes, es decir, hacerlos más felices, y para lograrlo no dudan en recurrir a la fuerza. El bien es tan grande, que acepta algunos sacrificios (de los demás). Respecto del precepto del Evangelio «Oblígalos a entrar» (Lucas 14:23) comenta Bayle: «Golpead, fustigad, encarcelad y matad a todos los que se obstinan; quitadles a las mujeres y a los hijos. Todo eso está bien cuando se hace por mí. En otras circunstancias serían crímenes enormes».[72] No podemos alcanzar un fin noble con medios innobles, ya que el fin se perderá en el camino. Así han actuado los colonizadores, que han sometido a poblaciones enteras con el pretexto de llevarles la legalidad. Así actúan hoy las fuerzas armadas que en distintos lugares pretenden llevar la libertad a los pueblos y para ello les lanzan bombas «humanitarias».

La universalidad no justifica el empleo de la fuerza al margen de toda ley. Pero por otra parte el respeto a todo el mundo no significa que las normas comunes no tengan razón de ser. No por estar profundamente ancladas en las tradiciones de un país merecen menos condena ciertas prácticas. La ablación del clítoris, por ejemplo, que supone transgredir un derecho humano, no justifica la intervención de un ejército, que no es el único medio de actuación disponible. Olvidamos en qué medida nuestras propias prácticas en un pasado no tan lejano fueron diferentes de las actuales. Cambiaron no gracias a la ocupación extranjera, sino por necesidad interna. Sin embargo, cuando se practica la ablación del clítoris en un país cuya ley lo pro-

híbe, no hay razón para tolerarla como especifici-
dad cultural. Lo mismo cabe decir de la violencia
de género, otra «tradición» muy extendida, e incluso de los malos tratos que se infligen en las cárceles y de los ataques a la libertad de expresión. Considerar que todas las prácticas tienen el mismo
valor supone, bajo la apariencia de tolerancia, renunciar a la unidad de la especie y en último término juzgar a los demás como incapaces o indignos
de gozar del mismo trato que nos está reservado a
nosotros. La igualdad de derechos no es negociable.

La época de la Ilustración se caracteriza por el
descubrimiento de los demás en su extrañeza, tanto si han vivido en otro momento como si lo han
hecho en otro lugar. Dejamos entonces de ver en
ellos la encarnación de nuestro ideal o un lejano
anuncio de nuestra perfección presente, como se
hacía en épocas anteriores. Pero este reconocimiento de la pluralidad en el seno de la especie sólo es
fértil si escapa del relativismo radical y no nos
obliga a renunciar a nuestra humanidad común.

8

La Ilustración y Europa

Tal como podemos describirlo hoy en día, el espíritu de la Ilustración plantea un problema curioso: encontramos elementos del mismo en épocas diversas, en todas las grandes civilizaciones del mundo, pero sólo pudo imponerse a partir de determinado momento, en el siglo XVIII, y en un lugar concreto, la Europa occidental. Examinemos brevemente ambas proposiciones.

De entrada nos vemos obligados a constatar que, aunque no podamos observarlo en todas partes ni siempre, el pensamiento de la Ilustración es universal. Se trata no sólo de las prácticas que lo presuponen, sino también de una toma de conciencia teórica. Encontramos rastros de él desde el siglo III a.C. en la India, en los preceptos dirigidos a los emperadores y en los edictos que éstos difunden. También los encontramos en los «pensadores libres» del islam de los siglos VIII-X, en la renovación del confucianismo bajo la dinastía Song, en la China de los siglos XI-XII, y en los movimientos de oposición a la esclavitud en África negra durante el siglo XVII y principios del XVIII. Enumeremos, un poco al azar, algunos de los elementos doctrinales procedentes de lugares tan diversos.[73]

Tal es el caso, por ejemplo, de las recomendaciones de tolerancia religiosa relativas a la pluralidad de religiones que se practican en un territorio: brahmanismo y budismo en la India, confucianismo y budismo en China, presencia de musulmanes, judíos, cristianos, zoroastras y maniqueos en Oriente Medio, y también del islam y de tradiciones paganas en África negra. En todas partes constatamos —como se dirá a menudo en Europa en el siglo XVIII— que la tolerancia es para todos preferible a la guerra y las persecuciones. Otra exigencia, probablemente relacionada con la anterior, tiene que ver con el laicismo, con la necesidad de separar la política de la teología, el poder del Estado del de la religión. Se desea que la sociedad humana se rija por principios exclusivamente humanos, es decir, que el poder terrenal esté en manos del príncipe en lugar de en las de mediadores con el más allá.

Autonomía del poder político y autonomía también del conocimiento. Así sucede en la India con la idea de que el rey no debe someterse a la tradición, a los presagios ni al mensaje de los astros, sino que sólo debe fiarse de la investigación racional. Y también con la defensa que el famoso médico árabe Razi hace en el siglo IX del saber estrictamente humano, procedente de la experiencia y que se ciñe sólo a la razón. Los numerosos inventos técnicos que salpican la historia de China dan testimonio de la actitud de investigación libre en el ámbito del saber. Y lo mismo podemos decir de los avances científicos, matemáticos, astronómicos, ópticos y médicos del mundo islámico.

Otro rasgo también extendido tiene que ver con la propia idea de universalidad, de la igual dignidad de todos los seres humanos, de los fundamentos universales de la moral y por lo tanto de la unidad del género humano. «No hay actividad superior a hacer el bien a todo el mundo», afirma el emperador indio Asoka en el siglo III a.c. Esta idea de la universalidad se convierte también en el punto de partida de la lucha contra la esclavitud en África. En 1615 Ahmed Baba escribe un tratado en el que defiende la igualdad de las razas y niega toda legitimidad a las prácticas esclavistas.

Estas manifestaciones respecto de lo que consideramos el espíritu de la Ilustración europea, que recojo aquí de forma un tanto arbitraria, desempeñan un papel más o menos fuerte y más o menos duradero. En la India la recomendación de privilegiar la investigación racional en detrimento de las creencias y las supersticiones está reservada al monarca, no se generalizará a toda la población. Si hay proximidad con la Ilustración, tiene básicamente que ver con lo que llamamos «despotismo ilustrado». A partir del siglo X se reprime severamente a los «pensadores libres» musulmanes. La proximidad más significativa es con la enseñanza confuciana en China, que por principio implica un mundo natural y humano: el objetivo es el perfeccionamiento personal, y para ello se recurre a la educación y al trabajo. No es casual que los filósofos europeos del siglo XVIII sientan especial simpatía por el «modelo» chino (aunque debemos admitir que su idea del mismo es bastante aproximada). Así pues, estos múltiples desarrollos dan testimonio de la universalidad de las ideas ilustradas, que no son patrimonio exclusivo de los europeos. No obstante, no hay duda de que es en la Europa del siglo XVIII donde se acelera y se refuerza esta tendencia, y donde se formula la gran síntesis de pensamiento que después se extiende por todos los continentes, primero por Norteamérica y después por la propia Europa, Latinoamérica, Asia y África. No podemos evitar preguntarnos por qué en Europa y no en otra parte, en China, por ejemplo. Sin pretender dejar zanjada esta difícil pregunta (los cambios históricos son fenómenos infinitamente complejos y de causas múltiples, incluso contradictorias), podemos señalar un rasgo presente en Europa y ausente en otros lugares: la autonomía política, tanto del pueblo como del individuo. Este individuo autónomo encuentra su lugar en la sociedad, no fuera de ella (como podía ser el caso de los que renuncian al mundo en la India, de los místicos en países islámicos y de los monjes chinos). Lo característico de la Ilustración europea es haber preparado la llegada conjunta de las ideas de individuo y de democracia. Pero ¿cómo explicarnos que estas ideas hayan podido prosperar precisamente en Europa?

También en este caso la respuesta sólo puede ser compleja, aunque un detalle salta a la vista: Europa es a la vez una y múltiple. Los hombres de la

Ilustración ya lo habían observado. Las potencias europeas forman una especie de sistema, están unidas tanto por el comercio como por la política y atienden a los mismos principios generales. Este sistema se fundamenta por una parte en la idea de la unidad de la ciencia y en la posibilidad de entenderse respecto a qué supone avanzar en materia de conocimiento, y por la otra en la comunidad de un ideal deudor tanto de la enseñanza cristiana como de las tradiciones del derecho natural. Rousseau constata a su pesar: «Digan lo que digan, hoy en día ya no hay franceses, alemanes, españoles, ni siquiera ingleses. Sólo hay europeos».[74] Pero a la vez los europeos son muy sensibles a las diferencias que separan a los países y sacan provecho de ellas. Los viajes y las estancias en el extranjero han pasado a ser más que habituales; son indispensables. Antes de dar inicio a su gran obra, *El espíritu de las leyes*, Montesquieu cree necesario recorrer Europa y estudiar las costumbres de los diferentes pueblos que la habitan. También Boswell emprende un largo viaje por Europa para ampliar su formación. Por su parte, el príncipe de Ligne, mariscal de campo austriaco y escritor en lengua francesa, calcula haber viajado treinta y cuatro veces entre Bruselas y Viena y haber pasado más de tres años de su vida en coches de caballos. Afirma: «Me gusta ser extranjero en todas partes: francés en Austria, austriaco en Francia, las dos cosas en Rusia. Es la manera de gozar de todos los lugares y de no depender de ninguno».[75]

El país extranjero puede ser tanto el lugar donde se aprende como al que se escapa de las persecuciones, o el que suscita la investigación. El francés Lavoisier no habría podido descubrir el secreto del aire y del agua si no le hubieran estimulado los descubrimientos paralelos del inglés Priestley. Ningún país es claramente superior a los demás. Prévost, Voltaire y Rousseau pasan temporadas en Inglaterra; Hume, Bolingbroke y Sterne, en Francia; Winckelmann y Goethe viajarán a Italia; Beccaria irá a Francia. Por su parte, Voltaire, Maupertuis y La Mettrie abandonan Francia y se ponen bajo la protección de Federico II en Berlín, y Diderot irá a Rusia como consejero de Catalina II. La pluralidad es en sí misma fuente de ventajas. Tras haber comparado a ingleses, franceses e italianos Voltaire concluye: «No sé a cuál de las tres naciones habría que dar preferencia, pero dichoso quien sabe apreciar sus diferentes méritos».[76] Pero no nos cuenta por qué habría de ser dichoso.

Cabe decir que, en comparación con otras zonas del mundo, es cierto que Europa se distingue por la multiplicidad de Estados establecidos en su territorio. Si la comparamos con China, cuya superficie es más o menos la misma, el contraste no puede dejar de sorprendernos: un solo Estado en China frente a los casi cuarenta Estados independientes de la actual Europa. En esta multiplicidad, que habría podido creerse un inconveniente, es donde los hombres de la Ilustración vieron la ventaja de Europa, y es precisamente la comparación con

China la que les parece más clara. Hume afirma: «En China parece existir una base considerable de cortesía y de ciencia de la que habría cabido esperar que tras tantos siglos hubiera surgido algo más perfecto y acabado de lo que ha salido. Pero China es un vasto imperio que habla una única lengua, se rige por una única ley y está unido por la misma forma de vida».[77] Esa base originariamente inventiva y creativa quedó asfixiada por la existencia de un inmenso imperio unificado en el que el incontestable reino de la autoridad, las tradiciones y la reputación provocó el estancamiento espiritual. A diferencia de lo que dice el refrán, en este caso la división hace la fuerza. Hume es quizá el primer pensador que ve la identidad de Europa no tanto en los rasgos que todos compartimos (la herencia del imperio romano, la religión cristiana) cuanto en la propia pluralidad, no de los individuos, sino de los países que la forman. Queda por entender qué operación de alquimia permite convertir no el fango en oro, sino una característica en sí misma negativa (la diferencia) en cualidad positiva, y cómo de la pluralidad puede surgir la unidad.

Los pensadores del siglo XVIII quisieron saber cuáles podían ser las ventajas de la diversidad y formularon varias respuestas, quizá porque se plantearon esta cuestión en diferentes ámbitos. De entrada la pluralidad más problemática es la de las religiones. En un viaje a La Haya Voltaire se alegra de la tolerancia que reina, de que todas las religiones parezcan buenas y ninguna pretenda eliminar a las demás. Diez años después, durante su estancia en Inglaterra, observa esas mismas ventajas de la pluralidad y afirma: «Si no hubiese en Inglaterra más que una religión, sería de temer el despotismo; si hubiese dos, se cortarían mutuamente el cuello; pero como hay treinta, viven en paz y felices».[78] Imaginamos por qué esta preferencia: si una religión ocupara una posición hegemónica, sus defensores se sentirían inevitablemente tentados de oprimir a los demás hasta hacerlos desaparecer. Por otra parte, la presencia de sólo dos religiones alimentaría bastante la rivalidad. El recuerdo de las guerras de religión, guerras civiles que cubrieron Francia de sangre, sigue fresco en las memorias. La pluralidad empieza a partir del número tres e implica que una instancia externa, es decir, no religiosa, garantiza la paz entre ellas. Más vale separar el poder espiritual del temporal. Montesquieu, por su parte, no condena las religiones, pero desea que sean muchas. Cada una de ellas pretende inculcar a sus fieles buenas reglas de conducta, «ahora bien, ¿qué cosa hay más propicia para animar su fervor que su muchedumbre?».[79] La pluralidad favorece la emulación, y la buena voluntad nunca sobra.

En un ensayo publicado en 1742 y titulado *Del origen y progreso de las artes y las ciencias*, Hume se interroga sobre lo que favorece el florecimiento cultural y constata que la pluralidad de los Estados que componen el espacio europeo parece ser un elemento favorable. Tiene dos ventajas: esos países no son del todo extraños entre sí, están «unidos por el

comercio y la política»; al mismo tiempo su pluralidad crea un espacio de libertad. Hume descubre que la pluralidad favorece el espíritu crítico,
y que la unidad, por el contrario, asfixia. No sólo
porque un gran territorio unificado exige un poder
fuerte y hace que los dirigentes se alejen tanto del
ciudadano medio que éste tiende a sacralizarlos y a
imaginar que están por encima de todo reproche,
sino también porque en un espacio unificado una
reputación sobrestimada jamás es objeto de críticas y corre el riesgo de mantenerse mucho tiempo.
Como acabamos de ver, China ilustra este destino
funesto, pero también el cristianismo. La domina-
ción uniforme («católica») de esta religión ha «con-
llevado la degeneración de todo tipo de saber». Por
el contrario, desde la Reforma y el reconocimiento
de muchas formas de cristianismo se ha adoptado
un nuevo giro que permite que florezcan las artes y
las ciencias.

El espacio europeo de la época de Hume ofrece la ventaja de la pluralidad, que alimenta el control de toda afirmación y de toda reputación. «Allí
donde muchos Estados vecinos llevan a cabo gran
intercambio artístico y comercial, su envidia recíproca disuade a unos de tomar a la ligera la ley de
los otros en materia de gusto y de razonamiento, y
les hace examinar cada obra de arte con el máxi-
mo cuidado y la máxima exactitud.» El entusiasmo
pasajero por determinada obra en París puede no
tener demasiado impacto en Londres, Berlín o
Milán. Si se hubieran impuesto por la fuerza los

gustos franceses en todo el espacio europeo, nadie se habría atrevido a criticar la ciencia y la filosofía de Descartes. Como no fue el caso, más allá de las fronteras francesas Descartes fue sometido a una crítica vigorosa a partir de la cual sus teorías quedaron sustituidas por la física de Newton. A su vez ésta fue objeto de revisiones despiadadas fuera de Inglaterra que permitieron mejorarla. Así, todos pueden aprovechar la lucidez del vecino para curar su ceguera. Por otra parte, si una obra consigue imponerse más allá de las fronteras de su país, es señal de que su calidad es superior. Una reputación de este tipo sin duda no puede usurparse.

Europa no es la primera en beneficiarse de la pluralidad interna, que había sido ya responsable del florecimiento de la cultura griega antigua. La disposición geográfica de las ciudades griegas, separadas por cordilleras, aseguraba su independencia, pero al mismo tiempo la lengua y los intereses comunes favorecían la comunicación. El resultado fue un buen equilibrio entre pluralidad y unidad, una «constelación de pequeños principados» en los que, no obstante, «las rivalidades y los debates aguzaban las inteligencias». El continente en el que vive Hume sigue ese mismo modelo. «En estos momentos Europa es una réplica a gran escala del ejemplo en miniatura que fue Grecia.» De lo que otros consideran un obstáculo surge su superioridad. «De las cuatro partes del mundo, Europa es la más parcelada [...] Por eso las ciencias nacieron en Grecia y por eso Europa ha sido tierra de acogida

durante mucho tiempo.»[80] Los europeos dignos de
Hume serían los que no se limitan a tolerar la diferencia de los demás, sino los que de esa ausencia de
identidad saben sacar una presencia, la del espíritu
crítico atento que no se detiene ante ningún tabú,
que se permite examinar imparcialmente todas las
tradiciones y se apoya en lo que todos los hombres
tienen en común, es decir, la razón. En esto está de
acuerdo con Montesquieu, cuya gran idea política
es que para favorecer la libertad, una de cuyas principales manifestaciones es el derecho a la crítica, es
preciso que los poderes sean plurales, que no se
concentren en las mismas manos.

Volvemos a encontrar el problema de la pluralidad y de sus posibles ventajas en el espacio político, ya que las opiniones y las opciones de los
ciudadanos que lo componen suelen ser muy variadas, pero al final la república que las une debe
hablar con una sola voz. Así pues, podemos observar aquí cómo tener en cuenta la pluralidad de los
individuos para ver si puede servirnos de modelo
para la coexistencia de las naciones.

La soberanía popular se materializa en la voluntad común, pero ¿qué relación mantiene la voluntad común con la voluntad de cada uno? Para
contestar a esta pregunta Rousseau introduce una
distinción que no siempre se ha entendido bien: la
de la voluntad de todos frente a la voluntad general. La voluntad de todos es la suma automática de
las voluntades particulares. Su ideal es la unani-
midad, pero su realidad es la mera mayoría de las

voces. Cuando las opiniones son divergentes, esta voluntad deja de ser la de todos; entonces debe hacer que se pongan de acuerdo. La idea de una voluntad de todos encierra en sí un proyecto totalitario: todos los ciudadanos deben invocar el mismo ideal, y se reprimirán y eliminarán las opiniones disidentes, si es que las hay.

Por el contrario, la voluntad general tal como la entiende Rousseau implica tener en cuenta las diferencias. Su «generalidad» debe entenderse como igualdad ante la ley: no debe descartarse a ningún ciudadano ni considerarlo inferior a los demás. «Toda exclusión formal rompe la generalidad.» ¿En qué sentido es común a todos? Rousseau añade que representa «la suma de las diferencias» de las voluntades particulares, «una suma de pequeñas diferencias».[81] Rousseau recurre al lenguaje del cálculo infinitesimal que elaboró Leibniz. La voluntad general no es una suma de identidades, sino que incluso se opone a toda individualidad y consiste en buscar una generalidad que incluya las diferencias. Leibniz ilustra este paso de lo particular a lo general comparándolo con la ciudad y la visión que de ella tienen sus habitantes: «Una misma ciudad contemplada desde diferentes lugares parece diferente por completo y se multiplica según las perspectivas».[82]

Cada ciudadano en concreto tiene su propio interés, pero éste diverge de un individuo a otro. Si renunciamos a obligar a las personas a someterse, la única solución es conseguir que todos sean conscientes de que su punto de vista es parcial, como el de cualquier otro habitante de la ciudad, que tomen distancia (que actúen «en el silencio de las pasiones», como decía Diderot)[83] y que adopten el punto de vista del interés general. Al fin y al cabo se supone que en una democracia los elegidos también deberían actuar en interés de todos, aunque sólo hayan salido elegidos con los votos de unos cuantos. Para conseguirlo todos tienen que ponerse provisionalmente en el lugar del vecino, que tiene una opinión diferente, e intentar razonar por qué ha llegado a ella para luego poder adoptar un punto de vista que tenga en cuenta la diferencia entre uno y otro. Kant, que a este respecto sigue la reflexión de Rousseau, no cree que se trate de una labor sobrehumana. «Nada hay más natural que pensar poniéndose en el lugar de todos los demás seres humanos.»[84] Se procederá así a la integración de las diferencias en una unidad de tipo superior.

Así pues, la enseñanza de la Ilustración consiste en decir que la pluralidad puede dar origen a una nueva unidad como mínimo de tres maneras: incita a la tolerancia en la emulación, desarrolla y protege el libre espíritu crítico y facilita la toma de distancia de uno mismo para integrarse en algo que es superior a uno mismo y al prójimo. ¿Cómo no ver que la actual construcción europea puede sacar provecho de esta enseñanza? Para que esta construcción tenga éxito, no debe limitarse a los tratados sobre las tarifas de las aduanas ni contentarse sólo con mejorar las estructuras burocráticas, sino que debe asumir también cierto espíritu europeo del que los habitantes del continente puedan sentirse orgullosos. Ahora bien, aquí se presenta un problema: lo que todos los países europeos tienen en común –racionalidad científica, defensa del Estado de derecho y de los derechos del hombre– posee vocación universal, no específicamente europea. Al mismo tiempo ese sustrato común no basta para organizar una entidad política viable, sino que debe completarse con opciones concretas, enraizadas en la historia y la cultura de cada país. El ejemplo de la lengua es revelador: en lugar de adoptar una lengua universal, cada grupo habla la suya. La existencia de una lengua de comunicación internacional, como es hoy en día el inglés, en absoluto suprime las lenguas de cada país.

Además, en el curso de su larga historia, los países europeos se han enfrentado a las opciones políticas más diversas, y cada doctrina dominante ha suscitado otras doctrinas que la han combatido. La fe pertenece a la tradición europea, pero también el ateísmo, la defensa de la jerarquía y de la igualdad, la continuidad y el cambio, la extensión del imperio y la lucha antiimperialista, la revolución y la reforma o el conservadurismo. Los pueblos europeos son demasiado diferentes entre sí para poder reducirlos a varios elementos comunes. Además han recibido la contribución de otros pueblos emigrantes que han llevado consigo su religión, sus costumbres y su memoria. La «voluntad de todos», en palabras de Rousseau, no podría imponerse sin que una parte de los europeos sufrieran la presión violenta de los otros, pero en ese caso no sería más que un simulacro, intentar apropiarse de una máscara de buena voluntad.

Por el contrario, podremos afirmar la identidad de Europa, y por lo tanto su «voluntad general», si nos apoyamos en los análisis de la época de la Ilustración; si en lugar de aislar determinada cualidad para imputarla a todo el mundo, tomamos como base de la unidad el estatus que concedemos a nuestras diferencias y cómo sacarles ventaja; si favorecemos la tolerancia y la emulación, el libre ejercicio del espíritu crítico, el distanciamiento de uno mismo para proyectarse en el prójimo y acceder así a un nivel de generalidad que incluya el punto de vista del uno y el del otro. Si quisiéramos escribir una historia idéntica para todos los europeos, nos veríamos obligados a suprimir todo posible desacuerdo. El resultado sería una historia piadosa que disimula todo lo molesto en función de las exigencias de lo que en esos momentos se considera «políticamente correcto». Por el contrario, si pretendiéramos escribir una historia «general», los franceses no se limitarían a estudiar su historia colocándose exclusivamente en su propio punto de vista, sino que tendrían en cuenta qué opinan sobre esos mismos hechos los alemanes, o los ingleses, o los españoles, o los argelinos, o los vietnamitas. Descubrirían entonces que su pueblo no siempre ha desempeñado papeles protagonistas de héroe o de víctima, y de esta manera evitarían la tentación maniquea de ver el bien y el mal repartidos a ambos lados de una frontera. Es precisamente esta actitud la que los europeos de mañana podrían tener en común y valorar como su más preciado legado.

La capacidad de integrar las diferencias sin hacerlas desaparecer distingue Europa de otras grandes unidades políticas mundiales, como la India, China, Rusia y Estados Unidos, donde los individuos son extremadamente diferentes, pero forman parte de una única nación. Europa reconoce los derechos no sólo de los individuos, sino también de las comunidades históricas, culturales y políticas de los Estados miembros de la Unión. Esta sabiduría no es un don del cielo; se ha pagado cara. Antes de ser el continente que representa la tolerancia y el mutuo reconocimiento, Europa fue territorio de dolorosos desgarros, de conflictos mortíferos y de incesantes guerras. Esa larga experiencia, que tanto sus relatos como sus edificios, incluso sus paisajes, siguen recordando, es el tributo que ha sido preciso pagar para poder gozar de la paz siglos después.

La Ilustración es la creación más prestigiosa de Europa, y no habría podido tener lugar si no hubiera existido un espacio europeo a la vez uno y múltiple. Pero lo inverso es también cierto: es la Ilustración la que está en el origen de Europa tal como la entendemos hoy. Por eso podemos decir sin miedo a exagerar que sin Europa no habría existido la Ilustración, pero también que sin Ilustración no habría existido Europa.

La Ilustración forma parte del pasado –ya hemos
tenido un siglo ilustrado–, pero no puede «pasar»,
porque lo que ha acabado designando ya no es una
doctrina históricamente situada, sino una actitud
ante el mundo. Por eso se la sigue evocando para,
según el caso y la simpatía del autor de la cita, acu-
sarla de ser origen de nuestros males antiguos y
presentes: el colonialismo, el genocidio y el reino
del egoísmo, o bien para solicitarle que venga en
nuestra ayuda para combatir nuestras taras presentes y futuras. Se pretende así volver a encender las
luces de la Ilustración e incluso que iluminen a
países y culturas que no la conocieron. Está de actualidad por dos razones: todos somos hijos de la
Ilustración, aun cuando la ataquemos; al mismo
tiempo, los males que combate el espíritu ilustrado
han demostrado ser más resistentes de lo que ima-
ginaban los hombres del siglo XVIII e incluso se
han multiplicado desde entonces. Los tradicionales enemigos de la Ilustración: el oscurantismo, la
autoridad arbitraria y el fanatismo, son como ca-
bezas de hidra que vuelven a brotar poco después
de haberlas cortado, ya que obtienen su fuerza de
características de los hombres y de sus sociedades

tan difícilmente desarraigables como el deseo de autonomía y de diálogo. Los hombres necesitan seguridad y consuelo tanto como libertad y verdad, prefieren defender a miembros de su grupo que apoyar los valores universales, y el deseo de poder, que acarrea el empleo de la violencia, no es menos característico de la especie humana que la argumentación racional. A esto se han añadido los desvíos modernos de los logros de la Ilustración, que se llaman cientificismo, individualismo, desacralización radical, pérdida de sentido, relativismo generalizado, etc.

Es de temer que esos ataques no cesen jamás, y por eso es tanto más necesario conservar vivo el espíritu de la Ilustración. La edad de la madurez que los autores del pasado aclamaban no parece formar parte del destino de la humanidad, condenada a buscar la verdad en lugar de a poseerla. Cuando preguntaban a Kant si vivían ya en la época de la Ilustración, en una época realmente ilustrada, contestaba: «No, pero sí en una época en vías de ilustrarse».[85] Ésa sería la vocación de nuestra especie: retomar cada día esta labor sabiendo que es interminable.

Agradecimientos

Empecé a redactar las páginas precedentes a raíz de la solicitud del director de la Bibliothèque Nationale de Francia, Jean-Noël Jeanneney, de que participara en la organización de una exposición sobre la Ilustración y del significado que tiene para nosotros. No era consciente de la aventura en la que me embarcaba. Dos años y medio después, en marzo de 2006, la exposición «Lumières! Un héritage pour demain» abrió sus puertas. En ese lapso de tiempo aprendí mucho de todo el personal de la biblioteca con el que tuve que relacionarme y de los colaboradores externos, pero también de las doscientas cincuenta piezas del siglo XVIII que formaron parte de la exposición. Escritores, eruditos, pintores y músicos me permitieron conocer mejor el espíritu de la Ilustración. A todos ellos les doy las gracias.

Notas

1. Turgot, *Tableau philosophique des progrès successifs de l'esprit humain*, París, Calmann-Lévy, 1970, p. 12 [*Cuadro filosófico de los progresos sucesivos del espíritu humano*, México, Fondo de Cultura Económica, 1998].

2. Rousseau, *Discours sur l'origine de l'inégalité* (1755), en *Œuvres complètes*, vol. III, París, Gallimard, 1964, pp. 162, 171, 189, 142 [*Discurso sobre el origen y los fundamentos de la desigualdad entre los hombres*, en *Del contrato social; Discurso sobre las ciencias y las artes; Discurso sobre el origen y los fundamentos de la desigualdad entre los hombres*, Madrid, Alianza, 1980, pp. 247, 257, 282, 221]; «Lettre sur la vertu, l'individu et la société» (1757), *Annales de la Société Jean-Jacques Rousseau*, XVI (1997), p. 325.

3. Montesquieu, *Traité des devoirs* (1725), en *Œuvres complètes*, París, Le Seuil, 1964, p. 182; *De l'esprit des lois* (1748), I, 1 [*El espíritu de las leyes*, Madrid, Tecnos, 2000, 5.ª ed., p. 8].

4. Bonald, *Législation primitive*, 1829, vol. I, p. 250.

5. Carta al marqués de Stanville del 27 de mayo de 1750, *Œuvres complètes*, vol. III, París, Nagel, 1955; *Lettre à Beaumont* (1762), en *Œuvres complètes*, vol. IV, 1969, p. 996.

6. Condorcet, *Esquisse*, París, Éditions Sociales, 1971, pp. 255-256.

7. Leroy-Beaulieu, *De la colonisation chez les peuples modernes*, 2 vols., 1902, vol. I, pp. XXI, VII.

8. Ferry, *Discours et opinions* (1885), 7 vols., 1893-1898, vol. V, p. 211.

9. Bugeaud, *Par l'épée et par la charrue*, París, PUF, 1948, p. 68.

10. Tocqueville (1846), *Œuvres complètes*, vol. III, vol. I, París, Gallimard, 1962, p. 299.

11. Ferry, *opus cit.*, p. 209.

12. Eliot, *The Idea of Christian Society and Other Writings*, Londres, Faber & Faber, 1982, p. 82.

13. Soljénitsyne, *Le Déclin du courage*, París, Le Seuil, 1978, pp. 46, 55.

14. Juan Pablo II, *Mémoire et identité*, París, Flammarion, 2005, pp. 23, 65; [*Memoria e identidad*, Madrid, La Esfera de los Libros, 2005].

15. Soljénitsyne, *opus cit.*, pp. 53-54.

16. Juan Pablo II, *opus cit.*, pp. 64, 163.

17. Montesquieu, *De l'esprit des lois*, *opus cit.*, p. 181.

18. Rousseau, *Discours sur l'économie politique* (1756), *Œuvres complètes*, vol. III, p. 248; Diderot, «Éclectisme», *Œuvres complètes*, Éditions Assézat-Tourneux, vol. XIV.

19. Kant, *Réponse à la question : qu'est-ce que les Lumières ?* (1784), en *Œuvres philosophiques*, vol. II, París, Gallimard, 1985, p. 209; *Qu'est-ce que s'orienter dans la pensée ?* (1786), *ibidem* p. 545.

20. Diderot, «Fait», *Œuvres complètes*, *opus cit.*, vol. XV; Condorcet, *Cinq Mémoires sur l'instruction publique* (1791), París, Garnier-Flammarion, 1994, p. 257 [*Cinco memorias sobre la instrucción pública y otros escritos*, Madrid, Morata]; Kant, *Critique de la raison pure* (1781), París, Aubier, 1997, p. 65 [*Crítica de la razón pura*, Madrid, Taurus, 2005].

21. Montesquieu, *De l'esprit des lois, opus cit.*, XI, 6 [*trad. cit.*].

22. Rousseau, *Du contrat social* (1761), en *Œuvres complètes*, vol. III, III, 1: II, 6 [*Del contrato social*, en *Del contrato social; Discurso sobre las ciencias...*, *opus cit.*, p. 44].

23. Hume, *Traité de la nature humaine* (1737), 3 vols., París, Flammarion, 1991-1995, II, III, 3 [*Tratado de la naturaleza humana*, Madrid, Tecnos, 1998, 3.ª ed., pp. 561, 563].

24. Rousseau, *Dialogues* (1772-1776), en *Œuvres complètes*, vol. I, 1959, p. 813.

25. Rousseau, *Discurs sur l'origine...*, *opus cit.*, p. 189 [*trad. cit.*, pp. 281-282].

26. Sade, *La Philosophie dans le boudoir* (1795), en *Œuvres complètes*, vol. XXV, París, J.-J. Pauvert, 1968, p. 173 [*La filosofía en el tocador*, Barcelona, Tusquets, 1988, p. 114].

27. Bataille, *L'Érotisme*, París, Minuit, 1979, pp. 187, 192, 210 [*El erotismo*, Barcelona, Tusquets, 2000, 2.ª ed., pp. 174-178, 195, 173, 177, 178].

28. Condorcet, *Cinq Mémoires...*, *opus cit.*, pp. 85, 86, 93.

29. Aron, *Mémoires*, París, Robert Laffont, 2003, p. 59 [*Memorias*, Madrid, Alianza, 1985].

30. Rousseau, *Œuvres complètes*, vol. IV, p. 1072.

31. Beccaria, *Des délits et des peines* (1764), Ginebra, Droz, 1965, p. 44 [*De los delitos y las penas*, Madrid, Alianza, 1998].

32. Condorcet, *Cinq Mémoires...*, *opus cit.*, p. 93; véase *Rapport sur l'instruction publique*, París, Edilig, 1989, p. 254.

33. *Ibidem*, p. 95.

34. *Ibidem*, pp. 104-105.

35. Gurian, «Totalitarianism as Political Religion», en

C. J. Friedrich, ed., *Totalitarianism*, Cambridge, Harvard University Press, 1953.

36. *Le Monde*, 10 de septiembre de 2002.

37. *Ni putes ni soumises*, La Découverte, París, 2004, p. 161.

38. Hirsi Ali, A., *Insoumise*, París, Robert Laffont, 2005, p. 46.

39. Condorcet, *Cinq Mémoires...*, *opus cit.*, p. 91.

40. Hume, *Le Sceptique*, en *Essais moraux, politiques & littéraires*, París, Alive, 1999, p. 215.

41. Condorcet, *Rapport...*, *opus cit.*, p. 251.

42. Condorcet, *Cinq Mémoires...*, *opus cit.*, pp. 85-87, 93-94.

43. *Ibidem*, p. 261.

44. *Ibidem*, p. 88.

45. Diderot, «Supplément au voyage de Bougainville», *Œuvres philosophiques*, París, Garnier, 1964, p. 505.

46. Sade, *opus cit.*, pp. 97, 243 [*trad. cit.*, pp. 67, 156].

47. Condorcet, «Vie de Turgot» (1786), *Œuvres*, vol. v, 1849, p. 203.

48. Rousseau, *Émile* (1761), en *Œuvres complètes*, vol. iv, p. 601 [*Emilio, o de la educación*, Madrid, Edaf, 1978, p. 323].

49. «Totalitarianism and the Lie», en I. Howe, ed., *1984 Revisited*, Nueva York, Harper & Row, 1983.

50. Citado por S. P. Huntington, *Who Are We?*, Londres, The Free Press, 2004, pp. 86-87.

51. Romanos 13:8; Lessing, *Testament Johanis, Schriften*, 1886-1907, vol. xiii, p. 15; Franklin, *Mémoires*, París, Hachette, 1866, pp. 181, 205.

52. Diderot, «Encyclopédie», *Œuvres complètes*, vol. xiv.

53. Rousseau, *Julie ou la Nouvelle Héloïsse* (1761), en *Œuvres complètes*, vol. ii, 1964, p. 536.

54. Kant, *Fondements de la métaphysique des moeurs*

(1785), en *Œuvres Philosophiques*, vol. II, p. 295 [*Fundamentos de la metafísica de las costumbres*, Barcelona, Ariel, 1996, p. 189].

55. Pope, *An Essay on Man* (1734), Londres, Methuen, 1950, Ep. IV.

56. Voltaire, *Lettres philosophiques* (1734), París, Garnier-Flammarion, 1964, p. 67.

57. Hume, *Essais...*, *opus cit.*, p. 236.

58. Rousseau, *Émile*, *opus cit.*, pp. 503, 816 [*trad. cit.*, pp. 241, 501].

59. Lavoisier, *Pages choisies*, París, Éditions Sociales, 1974, pp. 96, 103.

60. Sade, *opus cit.*, p. 66

61. Roussseau, *Émile*, *opus cit.*, vol. IV, p. 817 [*trad. cit.*, p. 502]; «Lettre sur la vertu...», *opus cit.*, p. 325.

62. Reynolds, *Letters of Joshua Reynolds*, 1929, p. 18; Goethe, *Italienische Reise* (1787), *Werke*, Hamburgo, Chr. Wegner, 1974, vol. XI, p. 386.

63. Rousseau, *Discours sur l'origine...*, *opus cit.*, p. 194 [*trad. cit.*, p. 287]; *Du contrat social*, *opus cit.*, II, 4 [*trad. cit.*, p. 38].

64. Montesquieu, *De l'esprit des lois*, *opus cit.*, XV, 2 [*trad. cit.*, p. 166]; Rousseau, *Du contrat social*, *opus cit.*, I, 4 [*trad. cit.*, p. 20]; Condorcet (1781), *Œuvres*, *opus cit.*, vol. VII, 1847, p. 69.

65. Montesquieu, *Pensées*, 10, en *Œuvres complètes*, *opus cit.*, p. 855; Diderot, *Correspondance*, París, Minuit, vol. VIII, 1962, p. 16.

66. Montesquieu, *L'A.B.C.* (1768), *Dialogues et anecdotes philosophiques*, París, Garnier, 1939, IV, p. 280; Rousseau, *Émile*, *opus cit.*, p. 547 [*trad. cit.*, p. 279].

67. Wolff, *Principes du droit de la nature et des gens* (1750), Caen, Bibliothèque de Philosophie Politique et Juridique, 1988, § 68.

68. Beccaria, *opus cit.*, pp. 46, 52.
69. *Ibidem*, p. 30.
70. Tillion, *Les Ennemis complémentaires*, París, Tirésias, 2005, p. 286.
71. Beccaria, *opus cit.*, p. 55.
72. P. Bayle, *De la tolérance. Commentaire philosophique sur ces paroles de Jésus-Christ «Contrains-les d'entrer»*, París, Presses Pocket, 1992.
73. Véase *Lumières! Un héritage pour demain*, París, Bibliothèque Nationale de France, 2006.
74. Rousseau, *Considérations sur le gouvernement de Pologne*, en *Œuvres complètes, opus cit.*, vol. III, p. 960.
75. De Ligne, *Lettres écrites de Russie*, 1782, p. 68.
76. Voltaire, *Lettres philosophiques, opus cit.*, p. 145 [*trad. cit.*, p. 167].
77. Hume, *Essais, opus cit.*, pp. 166-167.
78. Voltaire, *Lettres philosophiques, opus cit.*, p. 46 [*trad. cit.*, p. 61].
79. Montesquieu, *Lettres persannes* (1721), en *Œuvres complètes*, París, Le Seuil, 1964, carta 85 [*Cartas persas*, Barcelona, Planeta, 1989, p. 144].
80. Hume, *Essais, opus cit.*, pp. 164-167.
81. Rousseau, *Du contrat social, opus cit.*, II, 2-3 [*trad. cit.*, pp. 33-35].
82. Leibniz, *La Monadologie* (1714), París, Gallimard, 1995, § 57 [*Monadología*, Buenos Aires, Aguilar, 1968, p. 47].
83. Diderot, «Droit naturel» (1755), *Œuvres complètes, opus cit.*, vol. XIV.
84. Kant, *Critique de la faculté de juger* (1790), en *Œuvres philosophiques*, vol. II, p. 1073.
85. Kant, *Réponse à la question..., opus cit.*, p. 215.

Nota bibliográfica

El pensamiento de la Ilustración se ha estudiado con detalle en muchas obras de historia, de entre las que quisiera destacar:

Paul Hazard, *La Pensée européene au XVIIIe siècle*, París, Boivin, 1946; reeditado en París, Fayard, 1963 [*El pensamiento europeo en el siglo XVIII*, Madrid, Alianza, 1991, 2.ª ed.].
Peter Gay, *The Enlightenment: An Interpretation*, 2 vols., Nueva York, A. A. Knopf, 1967, 1969 [*La edad de las luces*, 2 vols., Barcelona, Folio, 1995].
Histoire de la philosophie politique, bajo la dirección de Alain Renaut, vol. II-III, París, Calmann-Lévy, 1999.

También he recurrido a mis publicaciones previas sobre el tema, en especial:

Nous et les autres. La réflexion française sur la diversité humaine, París, Le Seuil, 1989; edición de bolsillo en Points-Seuil, 1991.
Les Morales de l'histoire, París, Grasset, 1991; edición de bolsillo en Hachette-Pluriel, 1997 [*Las morales de la historia*, Barcelona, Paidós, 1993].
Le Jardin imparfait. La pensée humaniste en France, París, Grasset, 1998; edición de bolsillo en Biblio-Essais, 2000 [*El jardín imperfecto: luces y sombras del pensamiento humanista*, Barcelona, Paidós, 1999].

Índice